La carrera espacial

Una guía fascinante de la competencia de la Guerra Fría entre los Estados Unidos y la Unión Soviética para llegar a la Luna

© Copyright 2021

Todos los derechos reservados. Ninguna parte de este libro puede ser reproducida de ninguna forma sin el permiso escrito del autor. Los revisores pueden citar breves pasajes en las reseñas.

Descargo de responsabilidad: Ninguna parte de esta publicación puede ser reproducida o transmitida de ninguna forma o por ningún medio, mecánico o electrónico, incluyendo fotocopias o grabaciones, o por ningún sistema de almacenamiento y recuperación de información, o transmitida por correo electrónico sin permiso escrito del editor.

Si bien se ha hecho todo lo posible por verificar la información proporcionada en esta publicación, ni el autor ni el editor asumen responsabilidad alguna por los errores, omisiones o interpretaciones contrarias al tema aquí tratado.

Este libro es solo para fines de entretenimiento. Las opiniones expresadas son únicamente las del autor y no deben tomarse como instrucciones u órdenes de expertos. El lector es responsable de sus propias acciones.

La adhesión a todas las leyes y regulaciones aplicables, incluyendo las leyes internacionales, federales, estatales y locales que rigen la concesión de licencias profesionales, las prácticas comerciales, la publicidad y todos los demás aspectos de la realización de negocios en los EE. UU., Canadá, Reino Unido o cualquier otra jurisdicción es responsabilidad exclusiva del comprador o del lector.

Ni el autor ni el editor asumen responsabilidad alguna en nombre del comprador o lector de estos materiales. Cualquier desaire percibido de cualquier individuo u organización es puramente involuntario.

Índice

INTRODUCCIÓN 1

CAPÍTULO 1 - EL FIN DE LA SEGUNDA GUERRA MUNDIAL, EL DESTINO DE LOS CIENTÍFICOS ALEMANES, Y EL FUTURO DE UN MODESTO UCRANIANO..4
- WERNHER VON BRAUN 7
- SERGEI KOROLEV 9

CAPÍTULO 2 - UN BREVE RESUMEN DE LA RIVALIDAD DE LA GUERRA FRÍA 11
- EL FIN DE UNA GUERRA, EL COMIENZO DE OTRA................................. 12
- EUROPA ORIENTA CONTRA EUROPA OCCIDENTAL 13
- LA TRAYECTORIA DE LA GUERRA FRÍA 15

CAPÍTULO 3 - UN GRAN ANUNCIO: LA PROMESA DE AMBAS NACIONES DE LANZAR SATÉLITES 17
- DOS LADOS SE PREPARAN 18
- LOS ESTADOS UNIDOS ANUNCIAN SUS INTENCIONES 20
- LA URSS RESPONDE 22

CAPÍTULO 4 - LA URSS Y EE. UU. PREPARAN SUS SATÉLITES Y SUS EMPLAZAMIENTOS 24
- AGI 1957 A 1958... 25
- EL DESARROLLO DE LA R-7 Y EL OBJECT-D 26
- SELECCIÓN DE UNA PROPUESTA Y ELECCIÓN DE UN SITIO............... 27

CAPÍTULO 5 - LOS RUSOS LOGRAN VARIAS PRIMICIAS CON EL SPUTNIK 1, 2 Y 3..30
- NUEVOS SATÉLITES 31

    Sputnik 1 32
    Sputnik 2 36
    Sputnik 3 39

CAPÍTULO 6 - LOS AMERICANOS APUNTAN A PONERSE AL DÍA 41

    Un problema de presupuesto 42
    Calmando la preocupación 44
    Un nuevo impulso para el éxito 45
    La formación de la Administración Nacional de Aeronáutica y
    Espacio 48

CAPÍTULO 7 - DIFERENTES ENFOQUES PARA LLEVAR A LOS PRIMEROS HOMBRES AL ESPACIO 50

    Los estudios, fracasos y logros de la Unión Soviética 51
    Los estudios, fracasos y logros de los EE. UU. 53
    Otras naciones se unen a la carrera 54

CAPÍTULO 8 - LOS PRIMEROS HOMBRES EN EL ESPACIO 56

    Yuri Gagarin y una cuestión de lo que cuenta como un éxito 56
    Alan Shepard 60
    Otros primeros viajes exitosos 63
    La primera mujer en el espacio 68

CAPÍTULO 9 - LA RESOLUCIÓN Y PREDICCIÓN DE JFK DE LA VICTORIA FINAL: LLEGAR A LA LUNA 70

CAPÍTULO 10 - LOS TRES PROGRAMAS PRIMARIOS DE LA NASA 74

    Proyecto Mercury - 1961 hasta 1963 75
    Proyecto Gemini - 1965 hasta 1966 76
    Proyecto Apolo - 1967 hasta 1972 77

CAPÍTULO 11 - LOS PRIMEROS PASEOS ESPACIALES 79

CAPÍTULO 12 - EL PRIMER ACOPLAMIENTO EXITOSO DE UNA NAVE ESPACIAL 82

CAPÍTULO 13 - APOLO 11: UN PEQUEÑO PASO PARA EL HOMBRE 85

    Planificación 85
    El lanzamiento y el aterrizaje en la Luna 86
    Un gran salto para la humanidad 87
    Un logro único 89

CAPÍTULO 14 - AQUELLOS QUE DIERON SUS VIDAS 91

    Los cosmonautas que se sabe que perecieron durante sus
    deberes 92
    Los astronautas que perecieron 93

Otros que murieron en nombre de la exploración espacial............... 94

CAPÍTULO 15 - EL LARGO Y ACCIDENTADO CAMINO HACIA LA COORDINACIÓN 96

CONCLUSIÓN..102

VEA MÁS LIBROS ESCRITOS POR CAPTIVATING HISTORY 105

BIBLIOGRAFÍA..106

Introducción

La Guerra Fría se piensa normalmente en términos de miedo, posible guerra nuclear y espionaje. Aunque estos fueron elementos de los años entre el final de la Segunda Guerra Mundial y la década de 1990, la competencia entre los EE. UU. y la URSS tuvo algunos beneficios reales. Tal vez los mejores y más impresionantes logros durante este tiempo fueron el resultado de la carrera espacial.

La carrera espacial no fue algo que ninguno de los dos bandos se propusiera ganar. Inicialmente, los EE. UU. y la URSS solo estaban interesados en ser militarmente superiores entre sí. Esta competición comenzó aceptando y pasando por alto las atrocidades que los científicos alemanes habían cometido contra sus semejantes durante la Segunda Guerra Mundial. Los mejores científicos alemanes recibieron otra oportunidad de ambas naciones y de muchos otros países. Incluso hay un chiste sobre esta época que muestra a los dos bandos presumiendo que sus científicos alemanes eran mejores que los del otro. Los siguientes años revelaron por qué estos científicos fueron absorbidos por otras naciones en vez de ser juzgados junto con otros nazis.

Tras el final de la Segunda Guerra Mundial, muchas naciones lucharon por llevar a los científicos alemanes, especialmente a los ingenieros alemanes, a sus países. Los científicos habían sido un factor importante en el éxito a largo plazo de los alemanes, y, en última instancia, los EE. UU. y la URSS se aseguraron de que los científicos se dividieran más equitativamente entre las dos superpotencias. La URSS no se benefició de absorber a los científicos alemanes tanto como los EE. UU. porque ya tenían un científico primario muy experto y conocedor que había estado investigando las posibilidades del espacio durante la mayor parte de su vida adulta, Sergei Korolev. Los EE. UU. hicieron más uso de sus científicos alemanes y de la aportación de otros de todo el mundo. Mientras un país trabajaba en secreto, el otro era mucho más abierto. El deseo de los EE. UU. de ser transparentes para ayudar a otras naciones a entender lo que hacían fue el catalizador para el comienzo de la carrera espacial. Como la URSS podía ver lo que EE. UU. estaba haciendo, decidió mostrar su superioridad a través de exitosas primicias en el espacio.

A dos décadas del final de la Segunda Guerra Mundial, las dos superpotencias se enfrentaron en una competición completamente diferente. La segunda mitad de los años 50 y la década de los 60 se convirtieron en un período en el que la humanidad finalmente hizo lo que había soñado hacer durante milenios: ir al espacio. Cuando la URSS lanzó con éxito el Sputnik en 1957, los EE. UU. se dieron cuenta de que no estaban tan adelantados en la carrera espacial como se había previsto. Durante gran parte de la siguiente década, la URSS fue consistentemente la primera en la carrera para ir al espacio. Envió con éxito a la primera persona al espacio, luego a la primera mujer al espacio, y fue la primera en orbitar el globo. Incluso fue la primera en aterrizar un dispositivo artificial en la Luna en 1959. Con la presión ejercida, los Estados Unidos empezaron a centrarse más en los viajes espaciales. La URSS había sido la primera en llegar a la Luna (así como en enviar la primera vida, incluyendo dos tortugas, a la Luna y de vuelta), pero la Administración Nacional de Aeronáutica y del Espacio de los EE. UU. (NASA) se convirtió en la primera agencia en enviar con éxito a seres humanos a la órbita de la Luna en 1968.

Luego, en 1969, los EE. UU. lograron hacer lo que se creía imposible solo dos décadas antes: hacer aterrizar a un hombre en la Luna y devolverlo con éxito a la Tierra. Cuarenta años después, ninguna otra nación ha logrado hacer aterrizar a una persona en la Luna.

Después de este gran éxito, la carrera espacial comenzó a extinguirse, y las dos superpotencias comenzaron a centrar su atención y esfuerzos en otra parte. Otros problemas estaban creando problemas que eran imposibles de ignorar en la Tierra, y con los primeros grandes objetivos cumplidos, parecía que no había mucho más que hacer. La carrera espacial casi había terminado en este punto, y pasaron décadas antes de que hubiera más progresos significativos en los viajes espaciales. Muchos a finales de los 60 podían ver a los humanos alcanzar y colonizar Marte en los próximos 50 años. Sin embargo, este no fue el caso. Pasaron varias décadas antes de que alguien intentara enviar orbitadores a Marte.

Con el desmoronamiento de la URSS y la división de la superpotencia en varias naciones individuales durante los años 90, la URSS ya no pudo participar en la carrera espacial. En lugar de continuar empujándose mutuamente a través de la competencia, los EE. UU. y Rusia comenzaron a trabajar juntos. Los intentos de explorar el espacio se ralentizaron pero nunca se detuvieron por completo. Durante la primera parte del siglo XXI, muchas otras naciones comenzaron a mirar hacia el espacio para ver lo que podían hacer. Para el 2020, hubo una nueva carrera espacial, con varias naciones tratando de lograr lo que los EE. UU. y la URSS habían logrado varias décadas antes. Esta nueva carrera espacial ha ayudado a revivir el interés por los viajes espaciales a un nivel diferente: algunas compañías privadas han comenzado a darse cuenta de que su agencia para lograr algo que antes solo era posible a través de los esfuerzos de toda una nación.

Capítulo 1 - El fin de la Segunda Guerra Mundial, el destino de los científicos alemanes, y el futuro de un modesto ucraniano

Incluso antes de que comenzara la Segunda Guerra Mundial, los científicos alemanes tenían una reputación por su innovación y capacidad para resolver problemas. Proporcionaron a los alemanes una verdadera ventaja militar a través de las armas que diseñaron, incluyendo agentes nerviosos y de enfermedades. Utilizaron la guerra psicológica para bajar la moral de los aliados. Cuando los Aliados finalmente derrotaron a los nazis y recorrieron Alemania y las regiones que los nazis habían ocupado, los países aliados se sorprendieron por el tipo de armas que los científicos habían estado creando. Desde una forma armamentística de la peste bubónica hasta otros inventos que los Aliados ni siquiera habían considerado desarrollar, rápidamente se hizo evidente para los líderes militares que llevar a los inventivos científicos alemanes de vuelta a sus respectivos países les daría una clara ventaja. Esto era particularmente cierto para dos superpotencias emergentes en el mundo posterior a la Segunda Guerra Mundial: los EE. UU. y la URSS. La tensa amistad que se había mantenido durante la guerra terminó cuando quedó claro que los nazis habían sido derrotados. Ninguno de los dos lados confiaba en el otro, y sin un enemigo que los unificara, los EE. UU. y la URSS comenzaron a enfrentarse, cada uno promoviendo sus propias ideas sobre cuál era la mejor forma de gobierno. En realidad, el problema era mucho más profundo.

En este punto, el mundo estaba cansado de la guerra abierta. La Primera y Segunda Guerra Mundial habían dejado al mundo poco dispuesto a participar en más combates, especialmente por algo tan abstracto como la ideología. Ni los EE. UU. ni la URSS querían participar en una guerra abierta. Tras el final de la Segunda Guerra Mundial, ambos comenzaron a buscar una forma diferente de hacer la guerra que no costara la vida a los soldados, una en la que pudieran lograr la dominación a través de otros medios que no fueran la fuerza militar.

El resultado fue una competencia para ver quién podía adquirir el mayor número de ex científicos nazis. En los EE. UU., nació la Operación Paperclip. Este programa de inteligencia trajo al país a científicos alemanes, gran parte en secreto. Al correr la voz sobre los horrores cometidos por los nazis en los campos de concentración, el gobierno de EE. UU. se dio cuenta de los problemas que podían surgir si se abrían a llevar a los científicos alemanes a casa. La URSS se enfrentó a un problema similar, especialmente con el nivel adicional de animosidad entre los soviéticos y los alemanes. Sin embargo, ambos gobiernos decidieron que llevar a esos científicos tan imaginativos a sus propios países valía la ventaja que les daría en los tipos de armas que podrían desarrollar. En total, los EE. UU. llevó ochenta y ocho científicos nazis de vuelta al país. No se sabe exactamente cuántos científicos fueron llevados a la URSS, ya que eran notoriamente secretos.

Ambos países trataron de minimizar las actividades de sus científicos durante el tiempo que sirvieron bajo los nazis. En algunos casos, los científicos simplemente hicieron lo que se les pidió que hicieran bajo un regimiento despiadado. Había algunos científicos en el grupo que solo habían hecho lo necesario para asegurarse de que no fueran asesinados y que sus seres queridos quedaran en paz. Sin embargo, también es cierto que algunos de los científicos que tanto los EE. UU. como la URSS llevaron de contrabando a casa fueron culpables de algunas atrocidades reales, ya sea en nombre de la autopreservación o de la indiferencia. Ambas naciones decidieron que era más importante tener una ventaja armamentística sobre el otro que hacer responsables a estos científicos de las atrocidades que supervisaban.

Uno de los científicos más notables que fue rescatado, tal vez sin merecer una segunda oportunidad, fue Wernher von Braun. Lo que es interesante acerca del tiempo de Von Braun en los EE. UU. es que, sin él, los eventos de las próximas décadas probablemente hubieran sido muy diferentes. Los nazis se habían centrado en mucho más que en el armamento. En 1936, habían televisado los Juegos Olímpicos, que se celebraron en Alemania. Aunque no fue la primera transmisión, fue la primera en usar señales de alta frecuencia que probablemente llegó al espacio. Aunque no era exactamente lo mismo que lo que vendría, esto demostró que Alemania se había centrado en mejorar la tecnología en general, no solo en el avance de su armamento. Los EE. UU. y la URSS pronto hicieron uso de los impresionantes avances tecnológicos que los alemanes habían hecho en el curso de la guerra.

El otro científico notable en la carrera espacial fue Sergei Korolev, un ucraniano que eventualmente se convirtió en otra víctima de la paranoia de Stalin. Sin embargo, dejó su huella en la dirección de la carrera espacial en la URSS, dando a la unión una clara ventaja en la carrera que llegó a dominar las noticias en todo el mundo durante la mayor parte de la década de 1960. Korolev fue el hombre que proporcionó los primeros éxitos reales de la carrera espacial.

Wernher von Braun

Cuando se hizo evidente que Alemania iba a perder la guerra, sus científicos (y muchos en el ejército) sabían que era solo cuestión de tiempo antes de que fueran capturados por las tropas aliadas. Había habido una terrible relación entre los rusos y los alemanes, por lo que muchos científicos alemanes buscaron rendirse a los soldados americanos, británicos o franceses. Temían más la forma en que serían tratados por los rusos que la forma en que las naciones atacadas por Alemania los tratarían. Wernher von Braun fue uno de estos científicos, y se entregó a los Aliados en 1945. Los soviéticos se hicieron cargo de las instalaciones alemanas de pruebas de cohetes en Peenemünde, donde Von Braun había trabajado.

Von Braun era hijo de un funcionario, nacido en una noble familia prusiana que había suministrado muchos oficiales militares a su país. Esto significaba que tenía más privilegios que el promedio de los alemanes o austriacos y probablemente tenía una comprensión muy diferente de cómo el gobierno servía al pueblo. Cuando recibió un telescopio para su 13º cumpleaños, se interesó mucho por el espacio y la posibilidad de viajar al espacio, hasta el punto de descuidar las clases escolares que no favorecían sus intereses. Es comprensible que esto disgustara a su familia. Aun así, se las arregló para avanzar más rápido en la escuela por la facilidad con la que aprendió matemáticas y ciencias. Se unió al Verein für Raumschiffahrt, un grupo para personas con interés en la ciencia de los cohetes. Como parte de esta sociedad, se ganó la atención del creciente ejército alemán en 1932. El ejército le ofreció a Von Braun una posición militar para desarrollar sus habilidades, y se unió. También comenzó su programa de doctorado en la Universidad de Berlín. Apenas era consciente de los nazis cuando llegaron al poder en 1933 porque su enfoque estaba todavía casi exclusivamente en su proyecto: Von Braun, de 21 años, estaba a menudo perdido en un mundo propio.

Von Braun fue el director técnico del proyecto alemán para producir misiles balísticos V-2, que fueron construidos por personas en campos de concentración. Von Braun había estado en la instalación donde se fabricaba el misil balístico varias veces como director de Peenemünde. Tanto el gobierno de los Estados Unidos como el propio Von Braun describieron su papel como científico nazi como apolítico, afirmando que había hecho lo necesario para lograr su objetivo de llegar al espacio. Fue llamado a dar una entrevista para el consulado de Alemania Occidental a finales de 1968 sobre su tiempo trabajando para los nazis, y dio esta entrevista en 1969 durante un juicio a varios miembros del personal de Schutzstaffel (SS). Los registros reales de su tiempo como nazi fueron liberados durante la década de 1980, ocho años después de su muerte. Quedó claro que, lejos de la víctima política que él y el gobierno de los Estados Unidos retrataron, von Braun había sido muy consciente de la procedencia del trabajo en la instalación (aunque no había participado en la formación del campo de concentración que dedicó trabajadores a la instalación). Dijo que había sido consciente de las deplorables condiciones e incluso había negociado el traslado de parte del personal para poder ayudar a Charles Sadron, un físico francés que había sido hecho prisionero. Si bien esto lo implicaba en algunos de los crímenes de los nazis contra la humanidad, también estaba claro que se había visto obligado a caminar por una línea muy delgada durante su empleo para el régimen tiránico. Fue arrestado por la Gestapo durante diez días en 1944 y a menudo se dice que hizo un trato fáustico para poder trabajar en un cohete. Parece que no era consciente del control que el gobierno tendría sobre su proyecto, dándose cuenta demasiado tarde de en qué se había metido.

Después de su rendición en 1945, Von Braun fue llevado a los EE. UU. y puesto a trabajar en Fort Bliss cerca de El Paso, Texas. Su historial de guerra fue encubierto para poder continuar su trabajo en los EE. UU. con otros científicos alemanes. El equipo se trasladó a Huntsville, Alabama, en 1950, donde construyeron misiles. Eventualmente, Von Braun se convirtió en un gran defensor de poner más esfuerzo en los viajes espaciales. Su lealtad a Alemania desapareció rápidamente, ya que los EE. UU. lo hicieron ciudadano americano y le dieron una posición de prestigio con el control de un proyecto de construcción de misiles y cohetes.

Aunque su tiempo con los nazis ciertamente ha contaminado su legado, no hay duda de que Von Braun fue instrumental en cualquier éxito que los EE. UU. tuviera en la carrera espacial. Su interés en el espacio no disminuyó con el tiempo, e incluso le preocupaba que su historial socavara la reputación de la NASA. Fue en parte debido a esta preocupación que esperó hasta después de la exitosa misión del Apolo 7 a finales de 1968 antes de dar su entrevista sobre los miembros militares de la SS.

Sergei Korolev

A diferencia de Von Braun, Sergei Korolev nació de un maestro ucraniano. Aunque su padre enseñaba literatura rusa, Korolev encontró su interés en la aviación. Cuando tenía diecisiete años, diseñó un planeador. Cuando ingresó a la Universidad de Moscú, este interés cambió a la ciencia de los cohetes, que estaba entonces en su infancia. Después de fundar el Grupo para el Estudio del Movimiento Reactivo, Korolev desarrolló lo que se convirtió en los primeros cohetes soviéticos en 1931. Para 1933, el ejército soviético había tomado el control del grupo, el cual se convirtió entonces en la primera parte oficial del desarrollo de misiles y otras armas potenciales. Korolev continuó enfocándose en el espacio mientras que otro científico, Valentin Glushko, trabajaba en propulsiones.

Después de que el grupo había logrado varios éxitos, la Gran Purga de Stalin comenzó, y Glushko fue arrestado. Esperando que su sentencia fuera reducida, Glushko se unió a otros para denunciar a Korolev, quien fue arrestado en 1938. Aunque fue sentenciado a diez años de trabajos forzados, Korolev sirvió menos de tres años (aunque pasó cuatro meses en el Gulag). Otro prisionero político, Andrei Tupolev, solicitó la asistencia de Korolev en proyectos en los que los militares le permitieron trabajar. Korolev se dedicó al trabajo, y para finales de 1944, fue puesto a cargo de su propio proyecto: tratar de hacer algo comparable a los misiles V2 usados por los alemanes.

Con el fin de la guerra en 1945, los soviéticos trataron de capturar a los científicos alemanes. Los EE. UU. se las arreglaron para conseguir muchos de los mejores miembros de los equipos alemanes, en particular Wernher von Braun. Aun siendo un prisionero político, Korolev fue puesto a cargo de un nuevo centro de investigación con científicos alemanes. Él y su equipo desarrollaron el primer misil balístico intercontinental con un alcance de 7.000 km, superando ampliamente a la V2 alemana.

Sergei Korolev llegó a ser conocido como el padre del éxito de la Unión Soviética en el espacio. Sin embargo, no vivió para ver su mayor éxito. Después de ser diagnosticado con cáncer en 1965, eligió someterse a una operación. Murió durante esa operación a principios de 1966. A un mes de su muerte, su proyecto de aterrizar una nave en la Luna tuvo éxito. Sin él, el programa espacial soviético sufrió y comenzó a quedar rezagado respecto a los EE. UU. Glushko, quien se había convertido en el némesis de Korolev después de hacer que lo arrestaran, se hizo cargo de los proyectos pero simplemente no tenía el conocimiento o las habilidades del hombre que una vez había denunciado. Aún hoy, los rusos todavía usan los planes que Korolev había elaborado para el progreso futuro.

Capítulo 2 - Un breve resumen de la rivalidad de la Guerra Fría

Después de la Segunda Guerra Mundial, debería haber habido un período de paz y de restablecimiento de la normalidad. En lugar de eso, el mundo entró en un período tenso conocido como la Guerra Fría. Con la mayor parte del mundo seriamente dañado por la guerra, hubo dos naciones que se elevaron para convertirse en superpotencias rivales: los EE. UU. y la URSS.

El uso de armas nucleares por los EE. UU. para poner fin a la guerra llevó al mundo a una era completamente nueva. Una vez que la URSS adquirió esa misma tecnología, comenzó una de las carreras más peligrosas de la historia del mundo: la carrera de armas nucleares. La tensión y la hostilidad hicieron que las dos naciones llevaran al mundo al borde del desastre.

Cuando la gente piensa en la Guerra Fría, piensa en armas nucleares, la carrera espacial, espías, y una lucha entre el capitalismo y el comunismo. Aunque algunas de estas visiones son exactas, otras no lo son. La lucha entre las dos superpotencias dio un giro que, aunque no es del todo nuevo, impulsó la idea de lo que era posible.

El fin de una guerra, el comienzo de otra

Antes de la Segunda Guerra Mundial, las muy diversas ideologías de los EE. UU. y la URSS inspiraban desagrado entre sus pueblos y gobiernos, pero como ambos países aplicaban políticas aislacionistas, no interactuaban mucho. Solo después de la Segunda Guerra Mundial surgieron los dos países, queriendo jugar un papel más importante en el escenario mundial.

La Segunda Guerra Mundial requirió alianzas difíciles, en particular tras el violento derrocamiento de la monarquía rusa solo unas décadas antes. Muchos de los aliados creían que habían hecho un mal negocio con la naciente Unión Soviética porque los nazis eran la amenaza inmediata. Muchas de las naciones europeas fueron devastadas después de la Segunda Guerra Mundial, por lo que no pudieron participar en la carrera espacial. En realidad, la URSS tampoco tenía los fondos para impulsarlos al espacio, y la carrera espacial llevaría a su bancarrota, ya que costó más de lo que habían previsto. Las naciones de Europa Occidental se centraron en recuperar y restaurar las economías prósperas en lugar de unirse al empuje para ir al espacio. La devastación sería su objetivo durante aproximadamente dos décadas después del final de la guerra. El hecho de que hubieran llegado a un acuerdo con la URSS creó un considerable malestar, especialmente porque parecía recuperarse mucho más rápido de la guerra que las otras naciones.

En comparación con las otras naciones que lucharon en la Segunda Guerra Mundial, los EE. UU. se habían unido a la guerra tarde, solo entraron a finales de 1941 cuando los japoneses forzaron su mano. La Unión Soviética también había tardado en involucrarse en la guerra, habiendo pasado varios meses usando la cobertura de la guerra para invadir las naciones vecinas. Después de que el intento de Stalin en 1935 de formar una alianza con otras naciones (muchas de las cuales se unieron más tarde a los aliados) fue rechazado, él formó un acuerdo con Hitler en 1939, haciendo que gran parte del resto del mundo occidental fuera aún más antisoviético. Solo cuando Hitler envió a su ejército a invadir la Unión Soviética en 1941 los dos países se volvieron abiertamente hostiles, y los soviéticos finalmente se unieron a los Aliados.

Con la grave situación en toda Europa y gran parte de Europa bajo control alemán, los restantes países europeos libres no tenían muchas opciones. Sin embargo, la antigua alianza de Stalin con Hitler hizo muy difícil que los aliados confiaran en él, y esta desconfianza no desapareció solo porque Stalin estaba finalmente dispuesto a trabajar con ellos en sus términos. La sospecha y la cautela de Stalin continuaron incluso después de que las naciones occidentales comenzaran a trabajar con la URSS.

Los soviéticos pronto mostraron por qué era difícil confiar plenamente en ellos. Mientras luchaban contra los nazis, los soviéticos continuaron expandiendo su área de control bajo la afirmación de que eran naciones "liberadoras". Incapaces de enfrentarse tanto a los soviéticos como a los alemanes, los Aliados no pudieron hacer nada para detener el derrocamiento hostil de las naciones más pequeñas por parte de los soviéticos. Las semejanzas con la forma en que Hitler había trabajado y lo que Stalin estaba haciendo no fue extrañado por el resto de los Aliados, y su desconfianza solo creció a medida que la guerra continuó. Europa había estado inicialmente dispuesta a dejar que Alemania tomara varias naciones para mantener la paz; no querían cometer ese mismo error de nuevo.

Europa Orienta contra Europa Occidental

Con el fin de la Segunda Guerra Mundial, la desconfianza entre las naciones capitalistas y los soviéticos se intensificó. Las naciones europeas devastadas por la guerra se dividieron entre el Este y el Oeste, incluyendo a Alemania, ya que la URSS insistió en ganar el control sobre algunos de los países. Sin embargo, a diferencia de las otras naciones europeas, la URSS estaba más interesada en aumentar su base de poder, no en ayudar a esas naciones a recuperarse. Al no enfrentarse ya a un enemigo común para unirlas a la URSS, Europa occidental y los EE. UU. se volvieron contra los agresivos avances de la Unión Soviética. Stalin creía que las naciones de Europa occidental se opondrían y él podría capitalizar esto, expandiendo la URSS en las partes occidentales de Europa. Con tantas naciones occidentales devastadas por la guerra, la única otra nación que podía oponerse a la URSS era Estados Unidos. Los EE. UU. proporcionaron apoyo para ayudar a reconstruir las naciones europeas, pero también trabajaron para evitar la propagación del comunismo.

Las tensiones continuaron creciendo, con las naciones del Bloque Occidental trabajando para contener las influencias comunistas, como declaró el Congreso de los EE. UU. en 1947. En ese momento, solo los EE. UU. tenían capacidad nuclear, y esperaban utilizarla para mantener a los soviéticos bajo control. Esta estrategia de contención requería ayudar a las naciones de Europa occidental, incluyendo a Alemania. Después de poner en marcha el Plan Marshall, los EE. UU. trató de expandirse a otros mercados económicos, mientras que también proporcionaban una amplia ayuda económica. Al ayudar a las naciones devastadas a recuperar el control de sus economías, los EE. UU. esperaban asegurarse de que la gente de esas naciones no se volviera hacia el comunismo para mejorar sus vidas. Cabe señalar que lo que los soviéticos llamaban comunismo era una forma de dictadura, con Stalin claramente a la cabeza. No era comunismo como Lenin o Marx lo habían enseñado, y Lenin incluso había advertido que no se dejara a Stalin tomar el control antes de morir. Al no hacer esta distinción, los EE. UU. trabajaron para expandir el sistema de capitalismo cuando tal vez deberían haber adoptado un enfoque similar a la estrategia que se había utilizado contra Hitler. Después de todo, la Unión Soviética había crecido a través de invasiones hostiles, no de conversiones ideológicas.

La trayectoria de la Guerra Fría

Una vez que la URSS se convirtió en una potencia nuclear, con otras naciones siguiendo rápidamente el ejemplo, la guerra como siempre se había luchado ya no era posible. Las armas nucleares eran simplemente demasiado mortales, y el lanzamiento de cualquier arma nuclear probablemente resultaría en un uso excesivo, ya que más naciones almacenaban estas armas muy destructivas. Había una posibilidad muy real de que cualquier uso de las armas desencadenara el fin de la humanidad, ya que otras naciones reaccionaban usando sus propias armas. Las naciones también estaban empezando a darse cuenta de cuánto daño causaban las armas nucleares a través de la lluvia radioactiva. Almacenar estas armas y hacerlas aún más mortíferas era en gran parte simbólico porque la mayoría de las naciones entendían que no usarlas tendría consecuencias nefastas.

Para 1950, los bloques de poder estaban en su lugar, y ambos lados se odiaban. Mientras que los EE. UU. era la superpotencia de Occidente, las naciones europeas se unían a la lucha contra la URSS por otros medios. Al este, China estaba emulando el enfoque de Stalin hacia el comunismo, ya que finalmente terminó su guerra civil y fue testigo del ascenso de Mao Zedong. Sin embargo, los EE. UU. y la URSS eran las naciones con mayor poder, convirtiéndolos en los dos representantes de Oriente y Occidente. La idea no es del todo exacta, ya que EE. UU. estaba ayudando a reconstruir Japón, que estaba más al este que la URSS o China, así como Australia, Nueva Zelanda y otras naciones asiáticas con sus propias formas de gobierno. Esto entró en juego más tarde durante la batalla entre la URSS y los EE. UU. cuando comenzaron a luchar abiertamente las guerras de poder.

La paranoia creció durante este tiempo, con cualquiera de los dos lados creyendo que el otro amenazaba su propia forma de vida. Con la guerra tradicional volviéndose demasiado peligrosa, ambos lados recurrieron a otras formas de atacar las amenazas percibidas. Los espías han existido desde que se inventó la guerra, pero se confió en ellos para que actuaran como soldados durante la Guerra Fría. Era más fácil negar su existencia o simplemente comerciar con ellos en privado que manejar soldados reales en el campo de batalla.

La Guerra Fría se extendió mucho más allá de Europa, ya que el resto del mundo comenzó a recuperarse tras el final de la Segunda Guerra Mundial. China había estado en agitación política antes de que la guerra comenzara, pero las facciones habían dejado de lado sus diferencias para luchar contra las potencias superiores de los japoneses invasores. Una vez que la guerra terminó, ambos bandos continuaron su guerra civil, resultando en el ascenso de Mao Zedong y la China comunista. Al igual que la URSS, China era una dictadura u oligarquía, no un país comunista según la definición de Marx o Lenin. Esto fue visto por Occidente como una señal de que el comunismo se estaba extendiendo, alimentando sus temores.

Sin embargo, el resultado más interesante y obvio de la Guerra Fría fue el impulso para ganar dominio en el espacio. Al llevar de contrabando a casa a los científicos alemanes que habían estado trabajando en la tecnología de cohetes desde antes de la Segunda Guerra Mundial, tanto los EE. UU. como la URSS obtuvieron ventajas significativas (aunque la URSS tenía un muy buen científico propio que estaban persiguiendo en este momento). Mientras que los otros aspectos de la Guerra Fría tendían a ser destructivos, la carrera espacial empujó la imaginación a la vanguardia y dio a la gente esperanza para el futuro.

Capítulo 3 - Un gran anuncio: La promesa de ambas naciones de lanzar satélites

Con ambos lados firmemente establecidos, las dos superpotencias del mundo comenzaron a tratar de mostrar sus habilidades al mundo para demostrar cuál de las dos ideologías era superior. En última instancia, sus logros no fueron lo que persuadió a las naciones a adoptar una u otra doctrina, pero impulsaron a la ciencia muy por delante de lo que mucha gente pensaba que era posible en ese momento. Estados Unidos había sido el primer país en crear una bomba atómica, mientras que la Unión Soviética todavía estaba tratando de encontrar su base después de su levantamiento. Los soviéticos tenían un científico muy capaz en Sergei Korolev, pero con la adición de los científicos alemanes, la URSS rápidamente se puso al día con lo que los EE. UU. había logrado durante la Segunda Guerra Mundial. Aunque las armas eran importantes, ambos lados se enfocaron en algo que ninguna nación había perseguido antes de los años 50: la habilidad de ir al espacio.

La carrera espacial creó una forma para que las dos naciones compitieran de una manera que era mucho menos aterradora y mucho más atractiva que el horrible armamento que también estaban desarrollando. Ambos bandos tendían a mantener en secreto los tipos de armas que estaban desarrollando para la guerra, pero con el tiempo, la URSS comenzó a publicar más información sobre sus logros.

Las noticias positivas de la carrera por conseguir un montón de primeros premios espaciales ayudaron a aliviar la tensión que las dos naciones habían creado en todo el mundo. Mientras que la gente temía lo que podría pasar si había una guerra nuclear, la carrera por ser el primero en lograr varios hitos en el espacio estimuló la imaginación. La carrera espacial fue un aspecto positivo de la Guerra Fría que aún se siente hoy en día, ya que muchas naciones trabajan para ir más lejos en el espacio y lograr nuevas primicias mucho después de que haya terminado.

Aunque ambas naciones estaban trabajando en el desarrollo de formas de llegar al espacio, la carrera espacial no comenzó como una forma de animarse mutuamente. En cambio, fue una forma de ganar superioridad militar. Sin embargo, los científicos a menudo estaban mucho más interesados en el aspecto de los viajes, lo que llevó a centrarse más en lo que era posible que en la mejor manera de utilizar el espacio como una nueva arena para luchar (y tal vez más).

Dos lados se preparan

El comienzo de la carrera espacial no fue exactamente planeado. Mientras las dos naciones se miraban con recelo, estaban desarrollando misiles, balística y aviones que les darían una ventaja si comenzaba otra guerra. Las armas que crearon fueron en gran medida disuasorias de la guerra porque los líderes de ambos lados entendieron que los riesgos de usar sus armas más poderosas eran demasiado altos.

La URSS tenía una ventaja para desarrollar misiles balísticos, gracias al trabajo de Korolev. Durante 1954, había sido instruido para trabajar en un misil balístico intercontinental, el cual habría sido el primero de su tipo para la URSS. El misil fue llamado el R-7. Mientras que el gobierno estaba interesado en el armamento, Korolev estaba interesado en perseguir su interés en el espacio. Después de su investigación inicial, Korolev hizo que un compañero de trabajo y amigo llamado Mikhail Klavdiyevich Tikhonravov escribiera el *Reporte sobre un Satélite Artificial de la Tierra* para sugerir que el misil balístico podría ser usado para lanzar satélites. Si pudiera convencer al gobierno de que el trabajo podría duplicarse como un medio de establecer una posición en el espacio, le daría una forma de seguir estudiando su propia pasión. Para persuadir al gobierno ruso de adoptar su idea, Korolev incluyó algunos documentos acerca del interés de los Estados Unidos en el espacio y su trabajo. Ya que los Estados Unidos era mucho más abierto acerca de lo que estaban haciendo, le dio a Korolev una forma de avivar algo de la paranoia rusa y persuadir al gobierno de que debería considerar más que solo misiles: necesitaba comenzar a pensar en términos de lo que la exploración espacial podría hacer por la URSS.

Aunque Estados Unidos no había llegado tan lejos como Korolev, había estado trabajando constantemente para llevar satélites al espacio desde principios de los 50 porque la gente en los Estados Unidos estaba muy interesada en la exploración espacial. Desde el pánico inspirado por la *Guerra de los Mundos* de Orson Welles transmitida por radio en 1938, el interés por los extraterrestres y lo que se podía encontrar en el espacio había inspirado la imaginación de los americanos. El ejército estadounidense había estado estudiando la posibilidad de enviar un satélite al espacio, aunque era más una cuestión de cómo hacerlo que de si era posible. Los EE. UU. habían publicado el *Informe Beacon Hill* en 1952, un estudio con quince autores diferentes que habían trabajado en el Instituto Tecnológico de Massachusetts para hacer reconocimiento. El informe encontró que los satélites que pasaban por encima de la URSS o sus territorios podían considerarse una violación de la soberanía. Los EE. UU. habían considerado la posibilidad de realizar sus propios lanzamientos de satélites, pero esta posible violación llevó a la determinación de que los lanzamientos de satélites tendrían que ser aprobados por una autoridad superior, el presidente de los EE. UU.

Apenas unos años más tarde, otro informe titulado la *Reunión de la Amenaza de Ataque Sorpresa* fue publicado por el Panel de Capacidades Tecnológicas (un comité formado por la Oficina de Movilización de la Defensa). Coincidía con la idea de que se necesitaba una autoridad superior para aprobar los lanzamientos. Para hacer frente a esto, la administración del presidente quería establecer un principio de "libertad de espacio" que permitiera el lanzamiento de satélites militares. En ese momento, el presidente Dwight D. Eisenhower estaba escuchando, y su administración adoptó rápidamente el principio. Ya se había convertido en un tema de discusión popular en los círculos científicos, así que la mayoría estaba preparada para que el gobierno de EE. UU. finalmente aceptara la idea. El mismo año en que Korolev estaba trabajando para persuadir al gobierno de la URSS a abrazar la idea de la doble importancia de los satélites, la propuesta patrocinada por los Estados Unidos funcionó para que el cuerpo del Año Geofísico Internacional (AGI) hiciera un llamado para el lanzamiento de satélites ese año. El cuerpo del AGI se reunió en Roma durante octubre de ese año (1955).

Mientras los EE. UU. simplemente trabajaban para aumentar el reconocimiento y la aceptación mundial del uso de los satélites, esto preparó a las dos superpotencias para algo que ninguna de ellas había previsto.

Los Estados Unidos anuncian sus intenciones

Aunque habían pasado casi quince años desde el ataque a Pearl Harbor, en 1955, los americanos todavía eran muy conscientes del ataque por sorpresa y temían un ataque similar a medida que la tensión de la Guerra Fría empeoraba. Después de todo, los soviéticos habían robado con éxito el conocimiento de cómo construir un arma nuclear y habían logrado crear la suya propia. Por eso los EE. UU. había establecido el "Panel de Ataque Sorpresa" (el Panel de Capacidades Tecnológicas) responsable de generar los informes anteriormente mencionados. Para prevenir otro ataque sorpresa, los EE. UU. determinaron que la mejor manera de estar al tanto de los posibles atacantes era ser capaces de detectar literalmente a los atacantes mucho antes de que llegaran a los EE. UU.

Para aliviar las preocupaciones de los americanos, los EE. UU. querían vigilar los territorios de la URSS. Para establecer este tipo de vigilancia regular como una práctica aceptable, en EE. UU. el presidente Dwight D. Eisenhower propuso en 1955 que EE. UU. y la URSS acordaran permitir los vuelos sobre los territorios de cada uno. Su propuesta se llamó "Cielos Abiertos". No es de extrañar que esta idea fuera rechazada por la URSS. Stalin había muerto en marzo de 1953, dejando a la superpotencia recuperarse de la pérdida de un tirano que a menudo mataba a los más cercanos a él a medida que se volvía cada vez más paranoico. Su sucesor, Georgy Malenkov, se hizo cargo el día en que Stalin murió, pero solo duró como líder de la URSS hasta septiembre de ese mismo año. Nikita Khrushchev subió al poder el día en que Malenkov fue obligado a dejar el cargo. Habiendo estado en el cargo por menos de dos años, Khrushchev se alejó de algunas de las políticas más extremas del régimen de Stalin. Aun así, no quería parecer que estaba de acuerdo con los EE. UU. en temas que podrían hacer que la URSS pareciera débil. Rechazar una política que permitiera a los americanos volar sobre sus tierras parecía lo que había que hacer.

Tras el rechazo de esta política, el gobierno de los EE. UU. decidió que podría llevar a cabo una vigilancia a largo plazo a un costo menor enviando un satélite al espacio. El satélite proporcionaría vigilancia cada vez que sobrevolara tierras soviéticas. Si los EE. UU. pudieran hacer esto con éxito, no arriesgarían ninguna vida americana, ya que el satélite no estaría tripulado. En segundo lugar, la

URSS no sería capaz de eliminarlo, ya que los misiles no eran lo suficientemente potentes para llegar al espacio. Y, aunque pudieran, no eran lo suficientemente sofisticados como para alcanzar con precisión un objetivo fuera de la atmósfera de la Tierra.

Tras la aprobación del cuerpo del AGI de su proyecto de satélite en mayo de 1955, EE. UU. comenzó a moverse en él. Habiendo adoptado una política de relativa apertura y honestidad sobre lo que estaba haciendo, EE. UU. hizo el anuncio el 29 de julio de 1955. El presidente Eisenhower habló a los estadounidenses, diciéndoles que los EE. UU. se dedicaban a crear un satélite que ayudaría a mantener el país seguro. También pidió que las empresas empezaran a presentar propuestas para crear el satélite.

Al hacer su anuncio y solicitar propuestas, Eisenhower había iniciado la carrera espacial. Sabiendo que los EE. UU. estaban trabajando ardientemente en un satélite, la URSS se apresuró a avanzar con la propuesta de Korolev de usar el misil balístico para ayudar a lanzar un satélite propio.

La URSS responde

EE. UU. puede haber sido el primero en anunciar su intención de enviar un satélite al espacio, pero la URSS ya se había adelantado a la idea —su gobierno no había sido tan verbal o tan centrado en ella. La propuesta de Korolev repentinamente se veía mucho más seria, y no estaban a punto de perder la ventaja que su gran interés en el espacio les daba. Mientras que los Estados Unidos comenzaban a buscar propuestas, la URSS ya tenía las ideas de Korolev firmemente establecidas. Esto les dio una ventaja de casi dos años.

Las conversaciones comenzaron internamente al principio, con Korolev presentando sus ideas sobre satélites a la Comisión Militar-Industrial en agosto de 1955. La comisión pronto aprobó su propuesta de usar uno de sus nuevos lanzadores para enviar al espacio un satélite que pesaba 1.5 toneladas. La decisión no fue unánime, ya que varios especialistas en misiles pensaron que el enfoque en los satélites sería un problema para el desarrollo ulterior de los misiles balísticos. Korolev había ayudado a persuadir a muchos de la comisión para que estuvieran de acuerdo, diciendo que sería capaz de lanzar antes del comienzo del AGI de 1956. Mientras que hubo aceptación del programa, el Consejo de Ministros Soviético fue lento en su anuncio, esperando a principios de 1956 para autorizar oficialmente el programa.

A principios de 1956, ambas superpotencias mundiales estaban trabajando activamente para enviar un satélite al espacio, aunque EE. UU. no tenía ni idea de lo lejos que estaba de la URSS.

Capítulo 4 - La URSS y EE. UU. preparan sus satélites y sus emplazamientos

Con las intenciones de los dos gobiernos firmemente establecidas (ya sea que esas intenciones fueran bien conocidas por otras naciones o no), la carrera espacial comenzó. Ahora, tanto la URSS como los EE. UU. tenían mucho trabajo por delante para lograr lo que dijeron que querían hacer. La URSS creía que ya estaban adelante con el trabajo de Korolev. En comparación, Estados Unidos todavía estaba tratando de encontrar ideas para el lanzamiento del satélite.

Sin embargo, ambos lados necesitaban mucho más que ideas y equipos para lanzar sus respectivos esfuerzos. Necesitaban planes de diseño, personal confiable, y una gran cantidad de espacio para probar su progreso. También querían asegurar los sitios de prueba tanto de los espías como del público, ya que esperaban muchos más intentos fallidos que exitosos, especialmente en los primeros días.

AGI 1957 a 1958

AGI fue un programa internacional implementado para recolectar información e investigar y estudiar la geofísica y el ambiente planetario de la Tierra. Incluía a científicos de once campos científicos principales, incluyendo la gravedad, la física ionosférica y la actividad solar. Aunque no había nada que ayudara específicamente al desarrollo de los satélites, varios de los campos del AGI se referían a la tecnología que los satélites utilizaban o se beneficiaban de su uso.

El AGI fue seleccionado para funcionar entre 1957 y 1958 porque el ciclo de manchas solares estaría en su cénit. Este período había sido establecido por un grupo internacional de geofísicos en 1950. Su propósito principal era actuar como seguimiento del Segundo Año Polar Internacional de 1932 a 1933. El enfoque inicial de los estudios polares se amplió rápidamente para abarcar once campos, ya que los geofísicos estaban interesados en debatir los numerosos avances de la tecnología, incluida la cohetería. Cuando el Consejo Internacional de Uniones Científicas aprobó el AGI, setenta naciones comenzaron a reunir a sus propios científicos para asistir, y setenta naciones participaron en el programa.

Tanto los EE. UU. como la URSS utilizaron esta reunión para su beneficio. Los participantes en el AGI no solo discutieron los resultados de sus estudios, sino que también obtuvieron información de los exitosos lanzamientos de los satélites no mucho tiempo después del final del AGI. Para las dos superpotencias, proporcionó una forma de aprender más sobre el progreso de cada una. A medida que trabajaban en sus planes, utilizaron parte de la información proporcionada durante el AGI para tratar de adivinar cuánto faltaba para que el otro país alcanzara su objetivo común.

Una cosa de la que ambas naciones parecían no darse cuenta era que sus plazos iniciales se vieron comprometidos tan pronto como declararon sus intenciones, ya fuera públicamente o desde sus respectivas organizaciones, debido a la cantidad de información que sus científicos no conocían. El AGI demostró ser una forma de entender más, y el mundo internacional finalmente se benefició de él mucho más que cualquiera de las dos superpotencias.

El desarrollo de la R-7 y el Object-D

Korolev había propuesto su satélite a la Comisión Militar-Industrial en el verano de 1955 con una línea de tiempo que habría resultado en el lanzamiento del satélite antes del comienzo del AGI. Desafortunadamente, el retraso de la autorización retrasó los planes por varios meses. Cuando finalmente se aprobó, el satélite que iban a lanzar se llamó inicialmente Objet-D. Sería desarrollado en OKB-1 (la oficina de diseño de Korolev) junto con el misil R-7.

Un mes después de que el proyecto fuera aprobado, el premier soviético Nikita Khrushchev visitó el sitio para ver el progreso que se estaba haciendo con el misil R-7. Dándose cuenta de que era una oportunidad perfecta para impulsar el proyecto más rápidamente, Korolev tomó una maqueta de su Objet-D para mostrar al premier. Para persuadirlo de la importancia del proyecto, Korolev le mostró a Khrushchev tanto la maqueta como los planes que tenía con respecto al satélite de los Estados Unidos. Como los especialistas en misiles, Khrushchev estaba preocupado de que el satélite afectara adversamente el progreso del programa de misiles. Korolev persuadió al premier del valor del proyecto y que no interferiría con el proyecto de misiles. Con esta garantía, Khrushchev respaldó lo que pronto se convirtió en el programa espacial más avanzado de la época. Fue la persistencia de Korolev la que finalmente empujó a la URSS a ser el líder en la carrera espacial.

Una de las razones por las que Korolev tuvo éxito en obtener el respaldo del premier fue que demostró que el misil balístico intercontinental R-7 ya estaba bastante avanzado en el proceso de desarrollo. Como estaban planeando usar el R-7 para lanzar su satélite, estaban mucho más avanzados que los EE. UU., quienes estaban optando por crear un cohete completamente diferente para sus esfuerzos de llevar un satélite al espacio. La planificación de utilizar un modelo que ya estaba en desarrollo permitió a la URSS trabajar tanto en misiles balísticos como en satélites al mismo tiempo.

Selección de una propuesta y elección de un sitio

Tres propuestas primarias fueron consideradas por los EE. UU:

1. La Fuerza Aérea de los EE. UU. presentó lo que llamaron el "plan de la Serie Mundial". Este plan incluía un satélite que pesaba hasta 5.000 libras, lanzado por un misil Atlas.

2. El Ejército presentó el Proyecto Orbiter, que incluía un satélite que pesaba solo 5 libras y sería lanzado con un misil Redstone.

3. El Laboratorio de Investigación Naval presentó la propuesta del Proyecto Vanguard, que tenía más capacidades que el Proyecto Orbiter. A diferencia de las otras dos propuestas, el Vanguard requería el desarrollo de un nuevo cohete para llevarlo a la atmósfera; el nuevo cohete se basaría en el cohete de sondeo Vikingo existente.

El equipo que revisó las propuestas descartó rápidamente la propuesta de la Fuerza Aérea de los EE. UU. porque pensó que planteaba un problema potencial para el desarrollo de misiles. Les resultó más difícil eliminar la propuesta del Ejército porque estaba más adelantada (ya que no necesitarían crear un nuevo cohete) y era más eficaz en función de los costos. Sin embargo, el Vanguard ofrecía una mayor capacidad científica gracias a la amplia gama de instrumentos que incluía. Esto estaba mucho más alineado con los objetivos del AGI. Durante un corto período, el comité consideró la posibilidad de fusionar las dos propuestas, utilizando el satélite Vanguard con el cohete propuesto por el Ejército. Al final, la rivalidad entre las dos ramas del ejército estadounidense llevó al comité a decidir no mezclar las propuestas. Las dos propuestas fueron puestas a votación, y el Vanguard fue seleccionado por un solo voto de diferencia. En agosto de 1955, los EE. UU. seleccionaron el Proyecto Vanguard para servir como un satélite científico para el AGI.

El 9 de septiembre de 1955, EE. UU. inició oficialmente el proyecto, construyendo seis vehículos con la esperanza de que uno de ellos tuviera éxito. Con un presupuesto de 20 millones de dólares y dieciocho meses para completar los seis vehículos, EE. UU. finalmente comenzó a planear el lanzamiento de su satélite.

Hoy en día, esta decisión es criticada porque puso a los EE. UU. detrás de la URSS, aunque no había manera de que los EE. UU. supieran eso en ese momento. Si hubieran aceptado cualquiera de las otras dos propuestas, los EE. UU. habrían estado en gran medida en igualdad de condiciones con la URSS. Otra consideración importante en ese momento fue que el satélite pareciera ser un esfuerzo conjunto entre el gobierno y el sector privado. El Vanguard cumplió con este criterio y ayudó a crear la imagen de que EE. UU. estaba trabajando hacia un precedente de Cielos Abiertos. El objetivo era establecer que las empresas privadas pudieran tener satélites volando sobre otras naciones sin ser considerados una amenaza. Si la gente asociaba los satélites con los gobiernos, haría que los satélites parecieran más siniestros y tal vez menos aceptables.

Los EE. UU. estaban trabajando hacia este objetivo cuando la URSS anunció que lanzaría un satélite durante el AGI. Con muchos americanos viendo esto como una amenaza potencial, rápidamente dirigieron la vista hacia el gobierno de EE. UU. para asegurarse de que fueran los primeros. Desafortunadamente, la selección del Vanguard casi garantizó que los EE. UU. fueran los segundos, con mucho más por desarrollar y probar que la URSS. Tampoco tenía uso como herramienta militar, ya que no dependía de un misil balístico para levantar una carga pesada.

Con ambos lados finalmente comprometidos con sus programas, era solo cuestión de tiempo antes de que uno de ellos tuviera éxito. Ambos tenían los científicos, los sitios y las herramientas necesarias. Sus enfoques eran significativamente diferentes, en gran parte porque tenían evaluaciones muy diferentes entre sí. Mientras que la URSS estaba constantemente monitoreando a los EE. UU. por su progreso, los EE. UU. continuaron asumiendo su propia superioridad. EE. UU. había sido el primero en desarrollar armas nucleares en funcionamiento y tenía armas más avanzadas, por lo que creía que sería la primera nación en llegar al espacio. La URSS había hecho un anuncio, pero era mucho más difícil conocer su progreso, considerando que no transmitía detalles, y su programa estaba estrechamente vinculado a la seguridad militar. En comparación, el gobierno de los EE. UU. tenía planes más accesibles, sobre todo porque trabajaba con el sector privado. Esto no significaba que los soviéticos fueran siempre precisos en su evaluación de cuánto había progresado EE. UU., pero los soviéticos tendían a sobreestimar a los estadounidenses, empujándolos a actuar más rápido y a trabajar más horas para mantenerse a la vanguardia. Esto finalmente dio sus frutos en 1957.

Capítulo 5 - Los rusos logran varias primicias con el Sputnik 1, 2 y 3

A medida que Estados Unidos se sentía cómodo de ser el primero en lanzar exitosamente un satélite, Korolev se preocupó cada vez más de que la confianza de la nación estuviera justificada. Para ser el primero en tener éxito, se enfrentó al Presidium de la Academia de Ciencias Soviética para solicitar fondos adicionales durante Septiembre de 1956. Él y su equipo ya estaban atrasados, y vio que el sueño de ser el primero se le escapaba. Este temor se basaba en gran medida en un informe (que resultó ser incorrecto) que decía que los EE. UU. habían probado un lanzamiento en Cabo Cañaveral a principios de mes. Aunque el informe parecía haber indicado que el lanzamiento falló, la verdad es que los EE. UU. no habían avanzado tanto todavía.

Las preocupaciones de Korolev se vieron agravadas por los problemas que el equipo estaba teniendo con el motor del R-7. Lo habían modificado para poder lanzar un satélite pesado, pero los niveles de empuje del motor eran insuficientes. Temeroso de perder su ventaja, Korolev comenzó a llevar a su equipo a trabajar más horas para resolver los problemas, pero se hizo evidente que necesitaban cambiar sus planes, ya que estaban muy atrasados para cumplir con su fecha de lanzamiento objetivo. Sabiendo que no podían tener éxito, Korolev finalmente ajustó el plan.

A principios de 1957, el equipo redujo el peso del satélite para disminuir la cantidad de potencia y empuje necesarios para llevar el satélite a la atmósfera. Aun creyendo en el reporte que decía que los Estados Unidos ya estaban probando cohetes, Korolev obtuvo la aprobación de los cambios. En ese momento, le preocupaba que los Estados Unidos tuvieran éxito en los próximos meses, un temor que era infundado.

Nuevos Satélites

No estando seguro de cuánto tiempo tenía antes de que los Estados Unidos tuvieran éxito, Korolev trató de encontrar una solución que funcionara mejor con su actual progreso. Esto resultó en dos satélites más simples llamados PS-1 y PS-2, los cuales solo pesaban 220 libras cada uno. PS era la abreviatura de prosteishy sputnik, que se traduce como "satélite más simple", indicando que estaban cambiando a una versión más simple para asegurarse de vencer a los EE. UU. en el espacio. Este cambio requería la aprobación para proceder, que finalmente fue dada por el Consejo de Ministros soviético a mediados de febrero de 1957.

Cuando el AGI comenzó a principios de julio de 1957, los soviéticos estaban probando su trabajo. La Agencia Central de Inteligencia de los EE. UU. (CIA) se había enterado de sus progresos y trataba de advertir a la administración de Eisenhower sin despertar demasiada preocupación. Korolev probablemente no sabía que los EE. UU. estaban muy atrasados en su trabajo, lo cual trabajó a su favor porque lo ayudó a tratar de terminar el trabajo antes que los EE. UU. Su impulso aseguró que la URSS fuera la primera en llevar un satélite artificial al espacio. Él y su equipo sufrieron tres fallos a finales de julio, y no fue hasta agosto cuando finalmente tuvieron una prueba exitosa del R-7.

Una vez que tuvo una prueba exitosa, la Unión Soviética decidió anunciar su progreso al mundo. Este anuncio fue recibido con escepticismo en los EE. UU., y la URSS continuó progresando sin que los EE. UU. se sintieran impulsados a vencerlos. Cuando la URSS lanzó con éxito el R-7 por segunda vez a principios de septiembre, no lo celebró con tanta fanfarria: ya había sido la primera nación en probar con éxito un misil balístico intercontinental. Sea cual sea la reacción de los EE. UU., no había necesidad de hacer un escándalo de nuevo. La Unión Soviética estaba más interesada en tener éxito en la siguiente etapa: llevar un satélite al espacio.

La URSS había fijado inicialmente el 17 de septiembre como fecha para lograrlo, pero con varios fracasos durante el verano y el segundo lanzamiento exitoso el 7 de septiembre, la fecha objetivo se ajustó para que pudieran asegurarse de que cualquier problema se resolviera antes de lanzar un satélite. Se aprobó una nueva fecha: 6 de octubre de 1957. Paranoico de que los Estados Unidos estaban avanzando más rápido de lo que admitían, o quizás en respuesta a los éxitos de la URSS, Korolev hizo que la fecha se moviera al 4 de Octubre. Tuvieron que hacer más modificaciones al R-7 con los satélites más ligeros.

Habiendo creado dos satélites más pequeños y modificados, el equipo de Korolev planeó usar el PS-1 para el lanzamiento del 4 de Octubre. Con todo aparentemente listo, la URSS se preparó para convertirse en la primera nación en enviar un objeto artificial a la atmósfera de la Tierra.

Sputnik 1

El PS-1 era plateado y redondo con cuatro antenas que se extendían desde el núcleo del satélite. Tenía aproximadamente veintidós pulgadas de circunferencia y parecía bastante inocuo. El núcleo del satélite era del tamaño de una pelota de baloncesto, pero con las cuatro antenas, terminó siendo más grande que una persona. El exterior estaba hecho de una aleación de aluminio. La parte de aspecto más amenazador era la radiobaliza que parpadeaba mientras señalaba diferentes lugares de la superficie del planeta.

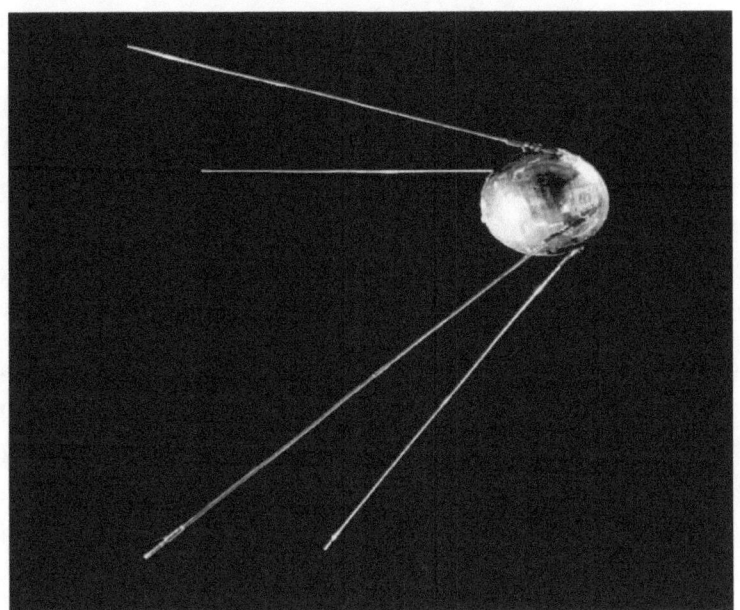

Sputnik (https://live.staticflickr.com/8041/8052668653_4c784d13f6_z.jpg)

Como el Sputnik no era el satélite original, sus capacidades y su vida útil se redujeron mucho. Se consideraba un satélite elemental. Con su capacidad reducida, su propósito principal era simplemente añadir transmisores de radio en la órbita de la Tierra. La URSS ya había aprendido sobre la necesidad de protegerse del calor, así que el exterior incluía una esfera de escudo térmico. La siguiente capa del satélite era una esfera presurizada para proteger las baterías de plata-cinc y los transmisores de radio del interior, que creaban un pitido.

El 3 de Octubre, Korolev y su equipo comenzaron a prepararse para el lanzamiento. El R-7 modificado fue trasladado a lo que planearon usar como plataforma de lanzamiento para los primeros y futuros lanzamientos. El puerto espacial R-7 ha llegado a ser conocido como el Cosmódromo de Baikonur, y fue desarrollado por el amigo de Korolev, Tikhonravov. El cohete R-7 que fue planeado originalmente había sido cambiado tanto que se le dio una nueva designación, 8K71PS. Mucho de lo que estaba incluido en el R-7 fue eliminado para el modelo de lanzamiento del PS-1, incluyendo la ojiva militar, el hardware diseñado para medir los datos de lanzamiento, una cantidad considerable de aviónica para monitorear la vibración, y el sistema de control de radio. Como se habían cambiado a un satélite menos robusto, gran parte del sistema de rastreo previsto originalmente para el Objet-D no estaba en funcionamiento para el lanzamiento del PS-1. Solo los sistemas necesarios estaban listos para el lanzamiento. En febrero de 1957, habían establecido las especificaciones de los radiotransmisores, que fueron verificadas antes del lanzamiento.

Una vez que el equipo fue establecido, el equipo ruso comenzó a alimentar el cohete a las 5:45 a. m. Pasaron 16 horas antes de que todo estuviera listo y el R-7 lanzó el PS-1 al espacio. Seis minutos después del lanzamiento, el cohete expulsó la PS-1 a la atmósfera. En algún momento, el satélite recibió un nuevo nombre, Sputnik, que más o menos se traduce como "compañero de viaje" o "acompañante de viaje" dependiendo del traductor. Llegaría a conocerse como *Sputnik 1*. Hoy en día, el término *Sputnik* es a menudo sinónimo del término satélite, lo que demuestra lo importante que era este notable logro.

Por la noche, el satélite podía ser visto orbitando la Tierra. El Sputnik tardó menos de cien minutos en dar la vuelta al mundo. Incluso en noches nubladas, a veces se podía ver cuando pasaba por encima, el pitido de los radiotransmisores ayudaba a los observadores a determinar su ubicación. Durante su tiempo en órbita, tenía cinco objetivos específicos:

- Probar el método de lanzamiento de un satélite en órbita

- Calcular la vida útil del satélite en órbita para determinar la densidad de la atmósfera

- Probar las funciones de radio y ópticas colocadas en el satélite

- Prueba de propagación de ondas de radio para los satélites en la atmósfera de la Tierra

- Comprobar los principios de presurización del satélite

Tan pronto como el satélite comenzó a orbitar la Tierra, las noticias soviéticas comenzaron a transmitir información sobre el exitoso lanzamiento. Esto podría haber sido prematuro, ya que el satélite aún no había orbitado completamente. Aun así, aunque no hubiera orbitado completamente la Tierra, fue el primer objeto artificial en el espacio. Los controladores de vuelo detectaron el sistema de telemetría Tral operando en el satélite mientras el *Sputnik 1* hacía su segunda revolución. Tanto el satélite como el cohete impulsor alcanzaron la órbita terrestre inferior.

El papel de Korolev en este logro es innegable, ya que fue el que siguió presionando para que la URSS se esforzara por el espacio en lugar de enfocarse únicamente en el desarrollo de armas. Sin embargo, su amigo Tikhonravov fue responsable de muchos de los éxitos del proyecto. Habiendo sido miembro de GIRD, una de las primeras organizaciones soviéticas de investigación de cohetes, Tikhonravov tenía amplios conocimientos sobre misiles y participó en numerosos estudios sobre lo que era necesario para orbitar el planeta. Ambas figuras reciben la mayor parte del crédito por lo que se logró con el Sputnik, y siguieron desempeñando papeles clave en el transcurso de la carrera espacial. Otras figuras notables fueron Mstislav Vsevolodovich Keldysh y Dmitry Fedorovich Ustinov. Keldysh, un científico que fue un firme defensor del desarrollo de cálculos y soluciones matemáticas para los vuelos espaciales, fue fundamental para el éxito del Sputnik. Ustinov, que provenía de una familia de clase trabajadora, se convirtió en el Vicepresidente del Soviet de Ministros, y su dedicación y apoyo político ayudaron a asegurar que el *Sputnik* tuviera los recursos necesarios para tener éxito. Sin estas dos figuras, Tikhonravov y Korolev por sí solos no habrían asegurado que la URSS lograra la distinción de la primera nación en llegar al espacio.

Las baterías del núcleo del *Sputnik 1* no fueron hechas para durar, y después de solo veintidós días, murieron. El *Sputnik 1* continuó dando vueltas a la Tierra durante unos pocos meses más (permaneciendo en órbita durante unos tres meses) antes de volver a caer a la Tierra. Solo había alcanzado la parte inferior de la órbita de la Tierra, por lo que no iba a permanecer en órbita por mucho tiempo. El 4 de enero de 1958, el Sputnik finalmente comenzó a caer de nuevo a la Tierra, quemándose al volver a entrar en la atmósfera.

Sputnik 2

Tras el rotundo éxito del *Sputnik 1* y la falta de respuesta de los Estados Unidos (al menos en lo que respecta a establecer su propio éxito), la Unión Soviética siguió presionando para lograr otras primicias. Aunque el *Sputnik 1* ya no enviaba señales, todavía orbitaba la Tierra cuando el *Sputnik 2* estaba preparado. Esta vez, la URSS estaba decidida a enviar un ser vivo al espacio. El 3 de noviembre de 1957, los soviéticos prepararon el *Sputnik 2*, que pesaba más de 1.100 libras, para que pudiera proteger a la criatura viviente, un perro llamado Laika. La fecha fue elegida por Jruschov, que quería marcar el 40º aniversario de la Revolución Bolchevique que había eliminado al monarca ruso e inaugurado el comunismo.

La historia de los animales en el espacio es anterior a la carrera espacial. Las moscas de la fruta fueron los primeros organismos vivos que llegaron al espacio y luego regresaron cuando los EE. UU. las lanzaron en un cohete V-2 en 1947. En 1950, un ratón fue lanzado al espacio y murió. A este fracaso inicial le siguieron algunos intentos exitosos en los que los cohetes que albergaban a los animales eran lo suficientemente robustos como para que la protección no se desintegrara. Como el exterior era lo suficientemente fuerte para soportar la reentrada, los paracaídas eran totalmente funcionales cuando necesitaban desplegarse. El primer mono, llamado Albert II, fue lanzado al espacio en 1949 y regresó a salvo con el uso de un paracaídas. Su predecesor y dos sucesores murieron cuando los cohetes que los transportaban fallaron.

La razón por la que el lanzamiento de Laika recibió tanta atención fue que no regresaría inmediatamente a la Tierra. Laika era un chucho callejero (una mezcla entre un spitz y un husky) sacado de las calles de Moscú para convertirse en la primera criatura viviente en ir al espacio. Fue elegida de un grupo de otras hembras callejeras después de pasar una serie de pruebas que buscaban al perro más dócil y obediente del grupo. Los perros potenciales fueron probados para ver cómo reaccionarían a los ruidos fuertes y a los cambios en la presión del aire, ya que el perro los experimentaría durante el lanzamiento inicial. Se seleccionó un pequeño perro llamado Kudryavka, o Pequeño Ricitos, debido a su plácida naturaleza y a lo bien que reaccionaba a los cambios. También se eligió un perro de reserva llamado Albina. El público vio a Kudryavka cuando las noticias soviéticas la presentaron al pueblo. Ladraba mucho durante su tiempo en el aire, lo que le valió el nombre de Laika, o "ladrador". Tanto Laika como Albina tenían pequeños dispositivos médicos implantados en sus cuerpos para que su ritmo cardíaco, presión arterial, patrón de respiración y movimientos pudieran ser monitoreados.

Cuando llegó el momento de empezar a prepararse para el lanzamiento, Laika fue puesta en su propio pequeño traje espacial especialmente diseñado, que estaba destinado a evitar que los residuos dañaran los instrumentos a bordo. El lanzamiento ocurrió a las 5:30 a. m. el 3 de noviembre de 1957, y tuvo una fuerza G que midió cinco veces más que la atracción habitual de la gravedad. Los soviéticos monitorearon a Laika, y sus signos vitales mostraron que estaba asustada por el lanzamiento, con su ritmo cardíaco triplicado.

Sin embargo, no planearon el reingreso seguro del perro. Con una sola comida y suficiente oxígeno para siete días, la desafortunada Laika murió mientras orbitaba el planeta. No pudieron ofrecer más comida al perro porque habría puesto al satélite por encima de la carga útil que el cohete podía manejar. Se dice que un médico se sintió mal, y a pesar de los protocolos, le dio a Laika una comida antes de despegar para ayudar al perro a sobrevivir el mayor tiempo posible.

Aunque sabían que Laika no sobreviviría, pensaron que sobreviviría por lo menos siete días. Si vivía lo suficiente para que el oxígeno se agotara, se pensaba que moriría sin dolor unos quince segundos después. Sin embargo, no fue la pérdida de oxígeno lo que la mató. La URSS no se dio cuenta de las temperaturas que encontraría una vez en órbita. Sus signos vitales mostraban que había alcanzado la órbita, pero no sobrevivió mucho tiempo después. Unos 103 minutos después del lanzamiento, Laika entró en órbita. Tuvo un rápido aumento de temperatura, lo que significó que había perdido su escudo térmico. Cuando la cápsula estaba haciendo su cuarta revolución, la temperatura en su interior era de más de noventa grados, y no creen que estuviera viva mucho más tiempo que eso, ya que la temperatura siguió aumentando.

El *Sputnik 2* estuvo en órbita durante unos meses más que el primer satélite. Se dice que la Unión Soviética falsificó los documentos para que pareciera que Laika sobrevivió durante días después del lanzamiento en lugar de las pocas horas que probablemente experimentó. Una creencia inicial era que podía ser traída de vuelta sana y salva, pero los soviéticos admitieron que murió después de que el *Sputnik 2* estuviera en órbita durante nueve días.

Este evento se convirtió en uno de los primeros puntos importantes de la carrera espacial. Aunque los derechos de los animales no estaban tan bien establecidos como lo están hoy en día, hubo una protesta de muchas naciones sobre el plan soviético de enviar un perro al espacio sin ninguna intención de devolverlo a salvo a la Tierra. Su destino ha recibido mucha más atención en la historia reciente, y el perro ha recibido atención en diferentes formas de medios de comunicación.

Lo que el mundo aprendió sobre el espacio durante el corto tiempo que Laika estuvo en el espacio fue que la vida podía mantenerse con una planificación y cuidado adecuados. El mayor obstáculo para el viaje era el regreso, que generó un calor inimaginable que destruyó los primeros satélites soviéticos. Irónicamente, no fue el primer perro que llegó al espacio, sin embargo. Los soviéticos habían ajustado los cohetes alemanes V-2 tras el final de la Segunda Guerra Mundial que enviaron perros al espacio, y luego los lanzaron en paracaídas de vuelta al planeta. Sin embargo, Laika fue la primera en pasar más que unos pocos momentos fugaces en el espacio mientras orbitaba la Tierra.

Sputnik 3

Después de dos exitosos lanzamientos que establecieron firmemente a la URSS como la nación dominante en los viajes espaciales, el empuje para hacer más se alivió temporalmente. Con su agenda en gran parte propia, Korolev regresó a enfocarse en el Objet-D. Siguiendo los eventos de los últimos dos lanzamientos, decidió hacer dos de ellos.

El satélite originalmente planeado, Objet-D, fue finalmente completado a principios de 1958. Para entonces, los Estados Unidos habían llegado finalmente al espacio, pero la URSS todavía estaba muy adelantada, habiendo enviado una criatura viviente al espacio (aunque no lograron mantenerla vida). Con esos dos éxitos, el Objet-D fue finalmente preparado para su lanzamiento, y fue llamado *Sputnik 3*. Este satélite era más específico y ambicioso que los satélites desmontados lanzados como *Sputnik 1* y *Sputnik 2*.

En abril de 1958, la URSS comenzó a prepararse para lanzar Object-D al espacio. El 27 de abril, completaron el lanzamiento del satélite mucho más pesado. Por primera vez, uno de sus lanzamientos planeados no salió como se había previsto, y el cohete con el Objet-D no llegó a la órbita. Menos de dos minutos después del lanzamiento, el equipo vio cómo el cohete se desintegraba y se estrellaba de nuevo contra el suelo. El equipo fue a comprobar el lugar del accidente y se sorprendió al encontrar que el satélite no había sido destruido por el fuego y el posterior accidente. Cuando regresaron con él a la instalación, comenzó a hacer un cortocircuito, iniciando un incendio que casi destruye el satélite. Dada la cantidad de problemas con el primero, Korolev decidió usar el satélite de respaldo.

Se fijó una nueva fecha de lanzamiento para el 15 de Mayo de 1958, y esta vez, el lanzamiento fue virtualmente impecable. Para entonces, los Estados Unidos habían lanzado más satélites al espacio que la URSS, pero los satélites no eran tan avanzados como el *Sputnik 3*.

El *Sputnik 3* tenía una grabadora que no funcionaba correctamente, lo que significaba que no podía completar todos los objetivos planeados. Con casi 3.000 libras, era el satélite más pesado para llegar al espacio. Aunque la grabadora no funcionó como estaba previsto, los doce instrumentos a bordo proporcionaron datos sobre una serie de mediciones de la Tierra, incluyendo la atmósfera superior, la radiación, el polvo cósmico y los campos magnéticos de la Tierra. Los demás instrumentos funcionaron, aunque no se pudieron registrar los datos.

En abril de 1960, el *Sputnik 3* finalmente regresó a la Tierra.

Capítulo 6 - Los americanos apuntan a ponerse al día

Los reportes que habían encendido un fuego bajo Korolev y lo llevaron a acelerar sus planes tan tarde en el juego estaban gravemente equivocados. Justo cuando él y su equipo estaban encontrando problemas significativos con su trabajo, los Estados Unidos estaban experimentando sus propios problemas mientras trabajaban en la construcción de un satélite y un nuevo cohete para llevar el satélite al espacio. Al igual que Korolev, el equipo de los EE. UU. tuvo que pedir más dinero para hacer cambios y ajustes basados en lo que encontraron cuando trataron de poner sus ideas en práctica.

A medida que el costo del desarrollo y las pruebas del Vanguard aumentaba, el programa se enfrentó a la amenaza de una reducción (aunque no corría mucho riesgo de ser cancelado). Solo cuando los EE. UU. se vieron obligados a darse cuenta de que no lideraban el mundo, sintieron una motivación similar para ponerse al día con el éxito de los soviéticos.

Un problema de presupuesto

El presupuesto original de 20 millones de dólares se convirtió en un esfuerzo de 110 millones de dólares, y la gente dentro de la comunidad científica comenzó a preguntarse si el programa valía la pena. Después de todo, EE. UU. todavía creía que sería el primero en lanzar un satélite al espacio, y no había informes fiables que indicaran que tuvieran alguna razón para estar preocupados por el progreso de la URSS. Un memorándum sobre los costos inesperados fue enviado al presidente para tratar el tema.

A pesar de la cuestión del presupuesto, los EE. UU. estaban encontrando éxitos en sus pruebas en mayo de 1957. El equipo señaló estos éxitos como prueba de que los costos de los globos valían la pena porque habían pasado de las etapas de planificación en el otoño de 1955 a las pruebas en la primavera de 1957. John Hagan, el director del programa Vanguard, también señaló que el éxito del programa ofrecería una gran cantidad de beneficios científicos, la razón declarada por la que los EE. UU. estaban dedicando tantos recursos al esfuerzo. Para jugar con la idea de Eisenhower de lo que era posible para el futuro, el director señaló la forma en que el logro beneficiaría enormemente a la comunidad científica y cambiaría la dirección del mundo a medida que la gente se diera cuenta de que el espacio era alcanzable. Desafortunadamente para Hagen, Eisenhower estaba mucho más interesado en los costos del proyecto y no permitió que continuaran en el aire a pesar de los posibles beneficios. El presidente acusó al equipo de crear satélites que no había aprobado. También dijo que el prestigio vendría del éxito del lanzamiento, no de los instrumentos que proporcionarían lecturas científicas. La razón principal por la que Eisenhower estaba dispuesto a dejar que el programa continuara era que los EE. UU. habían anunciado que lanzarían un satélite. Los americanos estaban entusiasmados y expectantes, y la comunidad global y el AGI habían sido informados de que los EE. UU. seguirían adelante con ello. Esto llevó a Eisenhower a creer que era necesario poner dinero en el programa, pero empezaba a pensar que no era el programa progresista que una vez pensó que era.

Como tenía poco interés en ver el progreso del programa que se estaba volviendo cada vez más caro, no pensó que fuera necesario completar los seis satélites, ya que el programa lograría su objetivo tan pronto como uno de ellos fuera lanzado con éxito. No sentía ninguna urgencia porque los EE. UU. todavía confiaban en que nadie más estaba cerca de alcanzar sus objetivos. Sin embargo, estaban muy por detrás de la URSS en este punto, ya que Korolev y su equipo se preparaban para probar (si no lo estaban ya).

Durante la primera parte de Julio de 1957, la CIA reportó que la URSS estaba progresando mucho más rápido de lo que EE. UU. había esperado. Basándose en lo que había aprendido, parecía posible que los soviéticos lanzarían con éxito un satélite a mediados de septiembre, alrededor del aniversario del cumpleaños del pionero de los cohetes rusos Konstantin Tsiolkovsky. La CIA informó tanto al Subsecretario de Defensa como a la administración de Eisenhower. La noticia fue en gran parte rechazada con la idea de que podría ser un informe falso para que gastaran más dinero.

Todo eso cambió el 4 de octubre de 1957, con el anuncio de que la URSS había probado con éxito un satélite. El *Sputnik 1* era más que una amenaza conocida, se podía ver desgarrando los cielos de los EE. UU. en una noche clara. La paranoia que vino con esta visión hizo que los EE. UU. aumentaran sus esfuerzos, ya que los estadounidenses se encontraron deslizándose de una supuesta cómoda ventaja a un distante segundo lugar de la URSS. Esto fue una preocupación no solo por las implicaciones que la URSS podía monitorear a los EE. UU., sino también porque mostró que la superioridad militar y científica de los EE. UU. no era tan segura como la mayoría de la gente pensaba.

Con el *Sputnik 1* viajando sobre los EE. UU. unas siete veces al día, el pueblo americano quería saber qué estaba haciendo el gobierno de EE. UU. para protegerlos. Esta pregunta era un poco más fuerte que las demandas de saber cómo la URSS se las arregló para vencer a los EE. UU. en el espacio.

Calmando la preocupación

El primer problema del éxito soviético no fue una indicación de un fallo tecnológico, sino la reacción del pueblo americano. Después de todas sus modificaciones, el *Sputnik 1* pesaba alrededor de 185 libras, que era mucho más pesado que el Vanguard que los EE. UU. estaban desarrollando. Por muy impresionante que fuera la visión del *Sputnik 1*, inspiraba una sensación de temor. EE. UU. no fue la primera nación en llegar al espacio, y también se temía que la URSS iniciara un ataque sorpresa. Los eventos desde el trágico día en Pearl Harbor menos de dos décadas antes estaban aún muy frescos en la mente del pueblo americano. Aunque no había una guerra física, los americanos se cuestionaban qué pasaba con el proyecto anunciado en 1955. Los EE. UU. habían sido los primeros en anunciar sus intenciones, sin embargo, los soviéticos habían logrado vencerlos en el espacio. Si los soviéticos podían lanzar un satélite pesado al espacio, tenían la tecnología necesaria para lanzar un misil balístico a los EE. UU. Como la URSS había probado con éxito sus propias bombas nucleares, la amenaza era aún mayor.

Habiendo devaluado el proyecto e ignorado las indicaciones de que los soviéticos estaban cerca del éxito, Eisenhower y su administración se vieron obligados a enfrentarse a sus propios fallos y a su falta de visión. El inesperado éxito de los soviéticos, algo de lo que se les había advertido meses antes de que ocurriera, fue una llamada de atención que hizo que los EE. UU. empezaran a tomarse el proyecto del Vanguard mucho más en serio.

Mientras el *Sputnik 1* pasaba por encima de los EE. UU., desconcertando a los americanos, Eisenhower intentó restarle importancia a lo que significaba. Habiendo ya expresado su disgusto por el costo del proyecto Vanguard, pronto se vio obligado a darse cuenta del error que él y su administración habían cometido. En lugar de liderar el mundo en el espacio, los Estados Unidos estaban jugando a ponerse al día con la URSS.

Los Estados Unidos de repente tuvieron una razón para hacer de la exploración espacial su máxima prioridad, y pronto, el dinero estaba fluyendo hacia el programa Vanguard.

Un nuevo impulso para el éxito

Aunque Eisenhower insistió en que no había nada que temer, los informes sobre el progreso del Vanguard comenzaron a transmitirse al pueblo americano. Los científicos estadounidenses estaban trabajando no solo en el cohete Vanguard, sino también en un satélite llamado *Explorer 1* que sería lanzado al espacio. Se dieron informes en vivo para ayudar a mostrar a la gente que EE. UU. no estaba muy lejos de los soviéticos. Desafortunadamente, los reporteros terminaron transmitiendo cuán lejos estaba EE. UU. cuando inadvertidamente transmitieron la explosión del Vanguard a los hogares estadounidenses.

Fue un horrible revés. Cuando las noticias aparecieron con ingeniosos titulares como "Kaputnik", los funcionarios decidieron que tendrían que cambiar su enfoque. Mientras discutían qué hacer, decidieron cambiar al cohete Juno. También decidieron trabajar en secreto, más como lo había hecho la URSS, para asegurarse de que no hubiera más vergüenzas públicas que redujeran la confianza de la gente en lo que los EE. UU. podían lograr. Habían logrado recuperar el satélite, pero estaba dañado por la explosión del cohete.

Ahora trabajando en secreto en Cabo Cañaveral, el equipo siguió adelante con el lanzamiento. Cuando sintieron que estaban casi listos, le hicieron saber a los medios que se preparaban para intentarlo de nuevo. Conscientes de que la URSS había logrado lanzar dos satélites al espacio, incluyendo el desafortunado viaje de Laika, los EE. UU. se prepararon para su segundo intento de lanzar un satélite al espacio. El equipo estaba listo el 31 de enero de 1958, pero en lugar de usar el Vanguard de nuevo, usó el cohete que el Ejército de los EE. UU.

había sugerido, uno en el que habían trabajado Von Braun y su equipo. El nuevo cohete se llamó Júpiter-C. Al mismo tiempo, el Laboratorio de Propulsión a Chorro había estado diseñando y construyendo el satélite, el cual completaron en tres meses.

Los EE. UU. lanzaron con éxito su primer satélite al espacio el 31 de enero de 1958. Como el propósito principal del satélite no era de uso militar, el satélite funcionó para aprender más sobre el espacio. El *Explorer 1* era más que un simple satélite; era un detector de rayos cósmicos. Mientras orbitaba, medía la radiación alrededor de la Tierra. Los científicos se sorprendieron al descubrir que el recuento era menor de lo que esperaban. Las mediciones y los resultados fueron realizados por el Dr. James Van Allen. Basándose en sus descubrimientos, comenzó a teorizar que había un cinturón de radiación alrededor de la Tierra, una teoría que fue confirmada por el segundo satélite estadounidense. Puede que los EE. UU. no hayan sido los primeros en llegar al espacio, pero fueron los primeros en transmitir señales desde el espacio. El *Explorer 1* también proporcionó datos científicos que ayudaron a los científicos a comprender mejor la zona alrededor de la atmósfera de la Tierra. Repetidos viajes al espacio encontraron que el cinturón de radiación atrapaba la radiación, y los cinturones se llamaron Cinturones de Radiación Van Allen en honor al líder del proyecto. Tanto la URSS como los EE. UU. tendrían que tener en cuenta este hallazgo más tarde, ya que buscaban enviar a la gente más lejos de la Tierra. En ese momento, los EE. UU. estaban detrás de la URSS en lo que habían logrado, pero estaban recogiendo datos que les darían una clara ventaja más tarde. Mientras que la URSS se centraba en lograr lo máximo posible y lo más rápido posible, los EE. UU. trataban de aprender de cada misión. Los EE. UU. cumplieron muchos de los mismos objetivos un poco más tarde que sus homólogos soviéticos porque también estaban recogiendo datos. También tenían una ventaja porque trabajaban con otras naciones que estaban interesadas en los viajes espaciales pero que aún se estaban recuperando de la devastación de la Segunda Guerra Mundial. Este deseo de colaborar frenaría aún más a los EE. UU. al principio, pero aumentaría significativamente su capacidad de lograr hazañas a un ritmo constante.

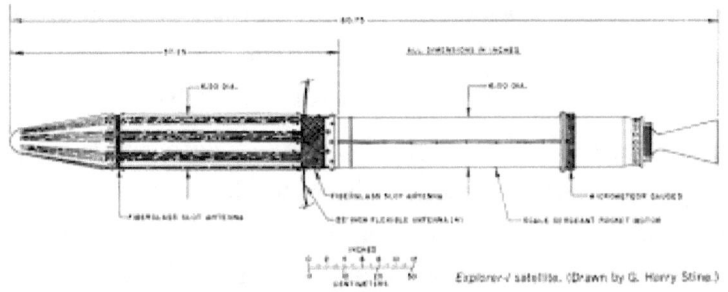

Explorer 1
(https://upload.wikimedia.org/wikipedia/commons/f/f0/Explorer1_sketch.jpg)

Aunque fue más lento en llegar al espacio, los EE. UU. enviaron al *Explorer 1* más arriba de lo que los *Sputniks* habían ido. Como el *Explorer 1* estaba más alto, orbitaba la Tierra cada 115 minutos, con menos de trece órbitas cada día. Comenzó a transmitir información a la Tierra el 23 de mayo de 1958, y volvió a caer a la Tierra más de doce años después, el 31 de marzo de 1970, habiendo durado mucho más que cualquiera de los primeros *Sputniks*. Fue capaz de permanecer en el espacio más tiempo porque había ido mucho más alto sobre el planeta.

Se intentó un lanzamiento del *Explorer 2* el 5 de marzo de 1958, pero fracasó. A diferencia del primer intento de lanzamiento fallido, esta vez el problema fue que las fases del cohete Júpiter-C no funcionaron como se esperaba. El siguiente intento de EE. UU. de enviar el *Explorer 3* al espacio tuvo éxito el 26 de marzo de 1958. Continuó funcionando hasta el 16 de junio de 1958.

Entre el lanzamiento fallido del *Explorer 2* y el lanzamiento exitoso del *Explorer 3*, los EE. UU. reflejaron el progreso de la URSS. Después de abandonar su satélite original en favor de algo más seguro, los EE. UU. regresaron a su satélite original para el tercer lanzamiento. El 17 de marzo, menos de dos semanas después del intento fallido de lanzar el *Explorer 2*, los EE. UU. enviaron con éxito el *Vanguard 1* al espacio. Muy por delante de su tiempo, el *Vanguard 1* fue alimentado con energía solar. Este satélite podía estudiar mejor la forma de la Tierra e informó que era asimétrico, más parecido a una pera que a una pelota. Este satélite también tiene la distinción de ser el más antiguo del espacio, ya que sigue orbitando la Tierra en el año 2020. Sin embargo, dejó de transmitir en 1964.

Para entonces, los EE. UU. habían enviado un satélite más al espacio que la URSS y habían obtenido datos de sus satélites. Sin embargo, los EE. UU. no habían logrado crear nada que pudiera soportar la vida para llegar al espacio. Esto le dio a cada lado diferentes ventajas, aunque los EE. UU. eran mucho más abiertos (aunque no necesariamente más honestos) sobre lo que lograron. Después de sus primeros fracasos públicos, los EE. UU. no estaban más dispuestos a discutir sus fracasos que la URSS. Aun así, hubo algunos fracasos televisados, ya que los EE. UU. continuaron transmitiendo muchos de los lanzamientos.

Los EE. UU. lanzaron con éxito el *Explorer 4* el 26 de julio de 1958, unos meses después del *Sputnik 3*. Entonces el lanzamiento del *Explorer 5* falló, mostrando que tanto los EE. UU. como la URSS todavía estaban tratando de encontrar su lugar. Quedaron tantos fracasos como éxitos, ya que se sabía poco sobre el espacio cuando comenzó la carrera espacial. Los fracasos también mostraron que ambos necesitaban moverse con más cuidado, ya que buscaban ser los primeros en alcanzar el objetivo final de mantener la vida en el espacio y devolverla a salvo.

La formación de la Administración Nacional de Aeronáutica y Espacio

Con el lanzamiento del *Sputnik 3*, los EE. UU. decidieron que su enfoque para coordinar y gestionar la exploración espacial simplemente no estaba funcionando —se estaba quedando atrás otra vez. Se celebró una audiencia en el Congreso para crear una agencia con el único propósito de dirigir el programa espacial americano. Al igual que los esfuerzos hasta ese momento, la agencia dedicada sería una agencia civil, no militar (algo que sigue siendo cierto hoy en día). La creación de la Administración Nacional de Aeronáutica y del Espacio (NASA) fue aprobada por el Congreso a través de la *Ley Nacional de Aeronáutica y del Espacio* en julio de 1958. Eisenhower firmó la ley aproximadamente un mes después, y la NASA comenzó a operar oficialmente a principios de octubre de 1958. Para cuando el *Sputnik 3* de alta tecnología salió de la órbita en 1960, la NASA estaba ayudando a cerrar la brecha entre las dos superpotencias.

La NASA tenía la intención de probar que los EE. UU. no solo estaban desarrollando armamento balístico, sino que se tomaban en serio los descubrimientos científicos. Por lo tanto, una segunda agencia adjunta a los militares se inició para mantener el armamento balístico separado del desarrollo espacial. Llamada Agencia de Proyectos de Investigación Avanzada, también comenzó a operar en 1958.

Capítulo 7 - Diferentes enfoques para llevar a los primeros hombres al espacio

El AGI fue tan emocionante y ocupado como las dos superpotencias habían prometido. Entre 1957 y 1958, ambas habían hecho importantes avances en la exploración espacial. Sin embargo, la tecnología utilizada para lanzar los satélites al espacio se basaba en el armamento. Los EE. UU. y la URSS lograron sus cohetes tan rápidamente porque utilizaron los conocimientos de los científicos alemanes, que habían estado cerca de completar los misiles balísticos cuando terminó la Segunda Guerra Mundial. El uso de esta tecnología permitió a las dos superpotencias reducir significativamente el tiempo de lanzamiento de cohetes y satélites.

Como había descubierto la URSS, la tecnología de lanzamiento de cohetes no era ideal cuando se trataba de criaturas vivas. El objetivo final era conseguir viajes espaciales, y llevar a una persona al espacio era solo el primer desafío de muchos. Habían esperado que Laika durara mucho más tiempo de lo que duró, pero no sabían del calor en la atmósfera de la Tierra. Más tarde, las dos naciones aprenderían que, lejos de la Tierra, las temperaturas eran mortalmente frías. Había mucho que aprender, pero la pregunta final era cómo hacer que la gente volviera a salvo del espacio. Después de la reacción de lanzar intencionalmente un perro al espacio sabiendo que no sobreviviría, ninguna de las dos naciones estaba dispuesta a arriesgarse a enviar gente al espacio sin un plan para traerlos de vuelta a salvo. Averiguar cómo lograrlo les llevaría un poco más de tiempo, y continuaron lanzando diferentes satélites para realizar pruebas.

Los estudios, fracasos y logros de la Unión Soviética

Entre 1957 y 1961, tanto los EE. UU. como la URSS dividieron su tiempo y recursos entre el desarrollo de una forma de lanzar a una persona al espacio y devolverla de forma segura, y el trabajo continuado en los satélites. Los EE. UU. se dedicaron a hacer satélites tan científicamente beneficiosos como fuera posible, mientras que la URSS se centró más en los viajes.

Después de sus dos exitosos lanzamientos en 1957, la URSS solo lanzó un satélite en 1958. El *Sputnik 3* fue un éxito significativo, pero no fue su único intento de lanzar más satélites al espacio. Durante 1958, los soviéticos solo habían intentado enviar dos satélites al espacio, el lanzamiento inicial fallido del *Sputnik 3* y luego su éxito. Tras el exitoso lanzamiento del *Sputnik 3* el 15 de mayo, la URSS no intentó otro lanzamiento hasta enero de 1959. Intentaron enviar *Luna 1* el 2 de enero, lo que fue un éxito parcial. Fue la primera nave artificial en llegar a la Luna, marcando el comienzo de una serie de naves que la URSS lanzaría hacia la Luna. El *Luna 1* llegaría a la Luna, pero en lugar de aterrizar en la Luna, el satélite pasó por delante de ella. Como no tenía ningún sistema de propulsión propio, esto no podía ser corregido. A medida que se alejaba de la Tierra, el brillo anaranjado del rastro dejado por la nave podía verse en la Tierra. *Luna 1* no solo fue el primer satélite en acercarse a la Luna, sino también la primera nave en dejar la órbita de la Tierra. Terminó orbitando alrededor del sol después de perder el contacto con la

URSS unas sesenta y dos horas después de su lanzamiento. Hoy en día, el *Luna 1* está girando alrededor del sol, tomando cerca de 450 días para completar una órbita completa. Sin embargo, es pequeña, lo que la hace casi imposible de rastrear sin ninguna señal.

Luna 1 (https://commons.wikimedia.org/wiki/File:RIAN_archive_510848_Interplanetary_station_Luna_1.jpg)

La Unión Soviética lanzaría con éxito dos satélites más como parte de la serie de satélites Luna en 1959. *Luna 2* fue el primer objeto artificial que aterrizó en la Luna, y *Luna 3* devolvió con éxito imágenes del lado oscuro de la Luna (el lado que no podemos ver en la Tierra).

En 1960, la Unión Soviética continuó sus exitosos lanzamientos, haciendo solo dos ese año. Sin embargo, los soviéticos lograron otra gran primicia el 19 de agosto de 1960, cuando lanzaron el *Sputnik 5* al espacio. Esto fue algo que funcionó hacia su objetivo a largo plazo de llevar con éxito a una persona al espacio y luego de vuelta a casa. En lugar de enviar un solo animal, sin embargo, tenían lo que parece más una colección de animales a bordo del *Sputnik 5*. Los pasajeros de este viaje incluían moscas de la fruta, un conejo, un par de ratas, cuarenta ratones y plantas. Sin embargo, fue el par de perros, llamados Belka y Strelka, los que recibieron la mayor atención, especialmente cuando regresaron a la Tierra a salvo. Este lanzamiento fue más bien una prueba de lo que vendría, y fue el último gran lanzamiento antes de que los soviéticos pasaran al siguiente gran objetivo: lanzar una persona al espacio y devolverla a salvo a la tierra.

Con el tiempo, Belka y Strelka se convirtieron en iconos de la cultura pop, inspirando la música, los dibujos animados (fueron la inspiración de los dibujos animados de los años 90, *Ren & Stimpy*) y las películas. Strelka tuvo un cachorro que le fue entregado a Khrushchev, quien luego regaló el perro a la primera dama de los EE. UU. Jacqueline Kennedy. Aunque había una rivalidad entre las dos naciones, EE. UU. era el único otro país que podía entender las presiones de la carrera espacial, creando un fuerte respeto entre las dos naciones que en gran medida dirigió el camino de la humanidad durante varias décadas. Entre muchos intercambios tensos y la Guerra Fría al borde de una guerra nuclear en varias ocasiones, estos gestos amistosos ayudaron a mejorar la relación entre las dos superpotencias y a tranquilizar al resto del mundo.

Los estudios, fracasos y logros de los EE. UU.

Los EE. UU. trabajaban para llevar a un hombre al espacio, pero también eran diligentes en la realización de experimentos científicos. Desde los primeros días de la agencia, había declarado su dedicación a lanzar un piloto a la órbita en el menor tiempo posible. Sin embargo, en 1958, los EE. UU. tendrían más intentos fallidos que éxitos, mostrando que la nación tenía un largo camino antes de que pudiera considerar el lanzamiento de una persona al espacio de forma segura. En 1959, los satélites estadounidenses siguieron centrándose en el fomento de la ciencia, incluso cuando la Unión Soviética siguió recogiendo una serie de primicias. Tal vez el constante impulso para lograr más llegó a costa de hacer las cosas bien. Como la URSS estaba en posición de ser el líder, tenía más tiempo, lo que podría haber causado que EE. UU. presionara cuando no estaba necesariamente listo. Sin embargo, cada uno de estos fallos proporcionó valiosas lecciones que los EE. UU. usaron para mejorar sus dispositivos y tecnología.

Con un fuerte enfoque en el estudio del espacio, EE. UU. estaba ganando detalles sobre el espacio que le ayudarían a crear un cohete más fiable.

Otras naciones se unen a la carrera

La carrera espacial normalmente se refiere a la competencia entre la URSS y los EE. UU., pero otras naciones comenzaron a unirse a ellos en el envío de satélites al espacio durante la década de 1960. El Reino Unido envió su primer satélite al espacio el 26 de abril de 1962. El objetivo principal de su satélite era obtener más datos sobre las relaciones de la ionosfera y la ionosfera solar. Canadá envió su primer satélite, *Alouette* (alondra), al espacio el 29 de septiembre de 1962. Fue el primer satélite construido por una nación distinta de las dos superpotencias. Su propósito principal era también estudiar la ionosfera. Tanto el Reino Unido como Canadá habían respondido a la invitación de los EE. UU. (o más exactamente, a la invitación de la NASA) para unirse a una colaboración internacional para aprender sobre el espacio. El unirse a la colaboración permitió a ambas naciones utilizar cohetes americanos para no tener que desarrollar los suyos propios, lo que los EE. UU. y la URSS ya habían demostrado que era mucho más difícil de lo que se había previsto.

Italia se unió a la colaboración en 1964, y Francia en 1965, ambos con sus propios satélites exitosos. Australia enviaría su primer satélite desde Australia en 1967 con el uso de un cohete estadounidense. Las naciones continuarían colaborando, enviando sus propios satélites al espacio. La década se cerraría con la unión final de Alemania Occidental con su propio satélite, y un objetivo mucho más amplio que el de los satélites anteriores.

Capítulo 8 - Los primeros hombres en el espacio

Después de pasar varios años probando en el espacio y aprendiendo todo lo posible con instrumentos científicos y viajes cortos con animales, ambos lados se acercaban para lograr uno de los mayores logros de la historia de la humanidad: el lanzamiento exitoso de una persona al espacio y su retorno. Ambas superpotencias estaban ansiosas por ser las primeras, aunque lo hicieron de diferentes maneras.

La URSS apenas superaría a los EE. UU. en este hito, y ambas alcanzaron esta meta en 1961.

Yuri Gagarin y una cuestión de lo que cuenta como un éxito

A medida que su tecnología seguía avanzando, la Unión Soviética comenzó a examinar posibles candidatos para ser la primera persona en el espacio. Los soviéticos habían reducido sus opciones a veinte candidatos potenciales, a los que llamaban cosmonautas. A cada uno de los candidatos se le exigía que completara una serie de pruebas para determinar su capacidad para soportar los posibles riesgos. Las pruebas fueron descritas una vez por Cathleen Lewis: "Estaban realizando enormes hazañas de entrenamiento físico... Querían poner a prueba los límites de sus pilotos". Los soviéticos habían aprendido de las otras misiones con animales que era casi imposible adivinar lo que sucedería una vez que el lanzamiento comenzara.

Dos hombres se destacaron de los otros candidatos. Yuri Gagarin, de 27 años, fue elegido para ser el primer soviético (y, esperaban, persona) en el espacio, y Gherman Titov sería su refuerzo. Según se informa, Gagarin tenía orígenes más humildes, y esto era deseable teniendo en cuenta lo que esperaban que se convirtiera si la misión tenía éxito. Titov se había criado en una familia considerada de clase media, mientras que los padres de Gagarin habían estado más cerca de los obreros. Esto significaba que tenía que superar más para ganar su lugar, lo que representaba mejor lo que los soviéticos querían retratar: una persona que superaba probabilidades mucho más largas para convertirse en un héroe nacional. Ayudaría a inspirar a la gente de toda la Unión Soviética a esforzarse más por trabajar más duro.

Su origen humilde podría haber sido una razón, pero muchos dicen que fue más probable que la actuación de Gagarin durante las pruebas lo que finalmente llevó a su elección. Sin saber que los EE. UU. habían estado siguiendo su propia cuenta atrás para lanzar a alguien al espacio, los soviéticos siguieron adelante con sus propios planes en secreto. A pesar de no conocer los planes americanos, los soviéticos eran conscientes de que EE. UU. estaba haciendo avances, y estaban preocupados de que perdieran la ventaja que habían establecido a través de la primera ronda de hitos. Para asegurarse de ser los primeros, los soviéticos continuaron presionando para un lanzamiento lo antes posible.

Tras el riguroso proceso de selección y pruebas, la URSS comenzó a prepararse para el lanzamiento, estableciendo *Vostok 1* en la plataforma de lanzamiento. El 12 de abril de 1961, Gagarin se preparó en la parte superior de un propulsor de treinta metros de altura en el lugar de lanzamiento en Kazajstán (el actual Cosmódromo de Baikonur). El cosmonauta medía un metro y medio de altura, lo que lo convertía en una opción mucho mejor para los ambientes pequeños. Aun así, no pudo haber sido terriblemente cómodo, ya que el cohete comenzó a temblar antes de salir de la Tierra. A las 9:07 a. m., pronunció "Poyekhali" o "Aquí vamos", mientras el cohete rugía a la vida y lo lanzaba al aire.

Los lanzamientos anteriores con animales no habían contado a los soviéticos lo que pasó una vez que los animales estuvieron en el espacio. Era posible que la fuerza de la salida de la Tierra pudiera causar que perdiera el conocimiento. Debido a esto, planearon que el control de la misión asumiera el control de la cápsula. En caso de que estuviera despierto mientras orbitaba la Tierra, se le proporcionó tubos con comida a Gagarin que podía comer. También había un suministro de provisiones para diez días en caso de que algo saliera mal y la misión se prolongara más allá de la única órbita que se había planeado. También pudo transmitir su experiencia actual al control de tierra. La transcripción existente de la misión lo tenía informando de lo hermosa que era la Tierra al verla desde la ventana de la pequeña cápsula. Pudo ver cómo las sombras proyectadas por las nubes aparecieron desde arriba de las nubes. Durante este tiempo, estaba ingrávido, así que Gagarin también pudo informar de cómo se sentía, demostrando que el cero-g no tenía ningún efecto adverso obvio en las capacidades cognitivas de una persona.

Un grave riesgo que se consideró antes de su partida fue lo que sucedería si perdiera el contacto con el control terrestre, y con él, el control de la nave. Para abordar esto, la NASA proporcionó códigos que permitirían al cosmonauta tomar el control en caso de que se desconectara. La cápsula incluía una computadora muy rudimentaria que le permitiría maniobrar la nave.

Tras el exitoso lanzamiento, Gagarin y el *Vostok 1* pasaron 108 minutos orbitando la Tierra. Pasaron una vez alrededor del planeta, aproximadamente a 203 millas sobre la superficie. Control entonces movió la nave a lo que probablemente fue un aterrador descenso de vuelta a la tierra. Se cree que en una caída tan controlada desde el espacio, la atracción de la gravedad que Gagarin probablemente sintió fue ocho veces mayor que la que experimentamos en la superficie. Su aterrizaje dependía completamente de la gente que controlaba la nave, y su control era mínimo en el mejor de los casos. Estuvo en caída libre hasta que estuvo aproximadamente a cuatro millas sobre la Tierra. Entonces, se eyectó de la cápsula y se lanzó en paracaídas de vuelta al suelo.

Algunas personas han cuestionado si el registro es válido porque Gagarin no pudo aterrizar su nave. Esto se basa en la definición de éxito establecida por la Federación Aeronáutica Internacional (FAI), que es la federación reguladora de los deportes aéreos desde 1905. La definición de éxito de un vuelo espacial se basaba en sus reglamentos de la aviación, que establecían que el piloto debía ser capaz de aterrizar la nave. La URSS no había establecido una forma fiable de frenar en el momento de la reentrada (ya tenían tantas otras variables con las que trabajar que esto no era tan importante). La nave Vostok no tenía ningún mecanismo de frenado, ya que era esencialmente una nave balística y seguía el mismo tipo de trayectoria. Gagarin fue expulsado porque no había forma de que aterrizara de forma segura a las velocidades que la nave iba. Cuando Gherman Titov se convirtió en la segunda persona en el espacio, admitió que había sido expulsado de su nave. Hasta ese momento, se pensaba que Gagarin había aterrizado su nave, así que esta información inició otra controversia. En última instancia, la FAI tuvo que reconocer que había un conjunto extremadamente diferente de requisitos para los viajes espaciales que para los vuelos regulares. La velocidad, el peso y otros elementos de los viajes espaciales significaban que se necesitaba una definición diferente de lo que se consideraba un éxito. No era el aterrizaje lo que importaba. El hecho es que Gagarin fue la primera persona que fue al espacio y regresó a la Tierra para hablar de su experiencia.

Tras este éxito, Gagarin se convirtió en uno de los héroes más notables de la URSS. En marzo de 1968, Gagarin y otro piloto murieron mientras probaban un nuevo avión de combate. Aunque no vivió mucho tiempo después de esta primera misión exitosa, aún hoy en día es honrado por la gente en Rusia, y su reputación no se limitó a la URSS. Su rostro y su nombre aparecieron en los periódicos de todo el mundo como la primera persona que entró en el espacio, y vivió para contar a la gente lo que vio durante su breve visita. Cuando el *Apolo 11* aterrizó en la Luna en 1969, la tripulación dejó un medallón conmemorativo para Gagarin, aunque no murió durante una misión espacial. Era imposible exagerar la importancia de esta primera misión. La tripulación del *Apolo 11* también dejó medallones para otros que habían muerto en la búsqueda de una mayor exploración espacial.

Alan Shepard

Poco después de que la NASA se formara, emitieron una invitación a 110 pilotos de prueba para ser voluntarios en el nuevo programa de vuelos espaciales. Alan Shepard fue uno de esos 110 pilotos originales, pero su invitación se había extraviado, así que no la recibió. La NASA se las arregló para hacérselo saber, y se convirtió en uno de los primeros siete hombres en convertirse en astronautas. De este grupo, Shepard fue seleccionado para ser lo que la NASA esperaba que fuera la primera persona en el espacio. Su apoyo fue John Glenn.

El Proyecto Mercury estaba destinado a llevar a la primera persona al espacio, y la NASA pasó varias misiones haciendo pruebas con naves no tripuladas. El 15 de abril de 1961, la NASA y los EE. UU. se enteraron del exitoso vuelo de Yuri Gagarin y se dieron cuenta de que habían perdido su hito. En el mejor de los casos, Alan Shepard sería el primer estadounidense en el espacio y el segundo humano en llegar al espacio. Los EE. UU. estaban increíblemente cerca de haber alcanzado este hito, así que esto fue un golpe a sus esperanzas. El clima dificultaría aún más su progreso, ya que el lanzamiento del

Mercury 7 se pospuso desde el 2 de mayo debido a las condiciones meteorológicas. Se pospuso de nuevo debido al clima. El 5 de mayo de 1961 (menos de un mes después del éxito soviético), el *Mercury 7* fue lanzado con Shepard a bordo. Después de alcanzar 116 millas sobre la superficie de la Tierra, Shepard permaneció en el espacio durante quince minutos. No tuvo oportunidad de sentir ingravidez porque la NASA había diseñado la nave de manera que estaba atada demasiado fuerte para flotar. Tampoco fue capaz de ver la belleza del espacio debido a la ubicación de la portilla. Shepard tenía un periscopio para poder ver el exterior, pero tenía un filtro que hacía que todo lo de afuera se viera en blanco y negro, incluyendo la Tierra.

Aunque los soviéticos habían logrado el primer vuelo humano al espacio y una órbita completa del planeta, el vuelo de *Mercury 7* llamó la atención porque la NASA era muy abierta sobre sus programas. El lanzamiento de Shepard fue televisado al mundo, y su regreso a la Tierra también fue transmitido en vivo. Todo el mundo sabía que Gagarin había sido la primera persona en el espacio, pero Shepard se convirtió en un viajero espacial más fácilmente identificable porque millones vieron su viaje. Esto creó una conexión con él que no estaba presente con Gagarin. De hecho, muy poco de lo que Gagarin experimentó fue detallado más allá del hecho de que había viajado exitosamente al espacio y había regresado.

A su regreso, Shepard recibió la Medalla de Servicio Distinguido de la NASA, presentada por el presidente Kennedy. Para las siguientes misiones del Mercury, Shepard continuó entrenando, con su próximo vuelo planeado en el *Mercury 10.* Sin embargo, esta misión fue desechada después de la exitosa órbita de un día completo por Gordon Cooper. Creyendo que no necesitaban continuar probando cómo reaccionaba la gente al estar en el espacio, la NASA pasó a la siguiente fase, el Proyecto Gemini.

Shepard fue designado para ser uno de los miembros de la primera nave tripulada Gemini, pero durante el entrenamiento, comenzó a sentirse enfermo. Desbalanceado, mareado y con náuseas, se reportó con el médico. Se le hizo un examen y se le diagnosticó la enfermedad de Ménière, que causa una acumulación de líquido en el oído interno. Después del diagnóstico, se le prohibió realizar cualquier vuelo de prueba en solitario y se le dijo que no podía ir al espacio en 1963. Durante los siguientes años, se convirtió en el jefe de la Oficina de Astronautas de la NASA, a cargo de la gestión de los astronautas.

A pesar de que todavía formaba parte del proyecto, Shepard perdió el potencial de volar, ya que se sometió a una operación en 1969 para corregir su condición. La operación fue un éxito, y fue reintegrado al programa como astronauta. Su primera misión asignada fue el famoso *Apolo 13*, pero él y su tripulación fueron relegados al *Apolo 14* para darles más tiempo para entrenar. Después de los problemas con el *Apolo 13*, la NASA hizo cambios en la nave, y Shepard y la tripulación del *Apolo 14* se beneficiaron enormemente. Durante su primer y único viaje a la Luna, Shepard pudo jugar al golf en la superficie Lunar. Él y su tripulante, Ed Mitchell, pasaron nueve horas y diecisiete minutos explorando y jugando en la Luna. Después de estar fuera durante treinta y tres horas, Shepard y Mitchell volvieron a la nave, donde Stuart Roosa les esperaba.

Shepard se convirtió en una de las pocas personas que caminaron por la Luna durante el siglo XX, y, a los cuarenta y siete años, tuvo la distinción de ser el astronauta más antiguo activo de la NASA. Shepard tuvo dos viajes exitosos al espacio, registrando casi 217 horas en el espacio. Volvió a su papel de director de los astronautas después de su viaje a la Luna y finalmente se retiró en 1974. Sin embargo, continuó trabajando, uniéndose a otros astronautas de Mercury para iniciar la Fundación Mercury Siete. Esta fundación se llamó más tarde la Fundación de Becas para Astronautas, y hoy en día ayuda a financiar a los estudiantes universitarios que estudian una serie de ciencias e ingeniería. A Shepard se le diagnosticó más tarde leucemia y murió por complicaciones de la enfermedad en 1998.

La brecha entre cuando la Unión Soviética logró un hito y cuando los EE. UU. alcanzaron ese mismo hito se estaba cerrando. Tomó más de tres meses después del *Sputnik 1* para que EE. UU. lanzara exitosamente el *Explorer 1* al espacio. Menos de tres semanas después de que Gagarin se convirtiera en el primer hombre en el espacio, Shepard se convirtió en el segundo.

Otros primeros viajes exitosos

Apenas diez semanas después del lanzamiento de Shepard al espacio, la NASA preparó el *Mercury 8*, que lanzó al espacio al astronauta Virgil Ivan "Gus" Grissom el 21 de julio de 1961. Su tiempo en el espacio fue comparable a la visita de Shepard, que duró quince minutos. La nave había sido ajustada, por lo que Grissom pudo ver la Tierra durante su viaje, y este no fue el único cambio que la NASA hizo a la cápsula: cambiaron la forma en que la escotilla se abriría después de que se estrellara en el océano. Había varios pasos que debían completarse para que la escotilla se abriera, y era esta serie de pasos la que se convertiría en un problema para Grissom.

A diferencia del viaje de Shepard, cuando la cápsula de Grissom se estrelló en el océano Atlántico, la puerta de la cápsula se abrió prematuramente. Había completado varios de los pasos, dejando el último hasta que el helicóptero apareció. Aunque no había completado todo el proceso, la puerta se abrió, y la cápsula comenzó a tomar agua y a hundirse. Sin otra opción, Grissom salió de la cápsula en su traje espacial, que pesaba más de 20 libras. Los trajes espaciales de los astronautas fueron diseñados para flotar, pero esta capacidad requería ciertos pasos para prepararse, cosa que Grissom no tuvo tiempo de hacer antes de que la cápsula se hundiera. En cuanto tocó el agua, el traje comenzó a llenarse. Pasaron cinco minutos antes de que finalmente lo recogieran, terminando así la lucha por sobrevivir. El equipo de recuperación no se dio cuenta de que había un problema porque habían visto lo boyante que eran los trajes. Creyendo que estaba a salvo, primero se movieron para recuperar la cápsula cuando empezó a hundirse. Mientras luchaban por sacar la embarcación llena de agua, Grissom se quedó para tratar de mantenerse a flote en su traje cada vez más pesado.

Algunos del equipo de recuperación dijeron que Grissom trabajó para ayudar en la recuperación de la nave. En lugar de nadar lejos de ella, se puso en mayor riesgo al permanecer cerca de ella. Si la nave se hubiera hundido, habría arrastrado a Grissom con ella. A pesar de la situación, dirigió los esfuerzos de recuperación desde su lugar cerca de la cápsula. Cuando la nave fue asegurada, le dio dos pulgares al equipo de recuperación para que supieran que podían empezar a sacarla del agua. En este punto, el equipo de recuperación estaba casi completamente concentrado en recuperar la nave, así que no se dieron cuenta de que el mismo Grissom estaba en peligro. Grissom vio como levantaban con éxito la cápsula del agua y el agua comenzaba a salir de ella. Unas pocas olas rápidamente rellenaron la cápsula, sin embargo, y tuvieron que cortarla.

Un segundo helicóptero vino a buscar a Grissom solo para notar que se estaba deslizando bajo el agua. En su prisa por deslizarse en el cuello usado para recuperarlo, Grissom se lo puso al revés pero hizo una señal a la tripulación para que lo levantaran de todos modos.

El incidente ha generado controversia, con algunas personas diciendo que Grissom entró en pánico y abrió la puerta antes de lo que debía. Esta versión fue retratada por Tom Wolfe, quien la describió como "tirando al perro". Basado en conversaciones con gente de la NASA, sin embargo, Grissom estaba reaccionando a un riesgo calculado que la NASA había hecho. En lugar de entrar en pánico, Grissom había sido un héroe de pensamiento rápido que casi por sí solo había salvado el programa espacial con sus acciones. La apertura de la puerta no fue su culpa; simplemente estaba reaccionando a una situación extrema en lugar de congelarse y probablemente morir dentro de la cápsula cuando se hundió. La lista de control que se estableció para abrir la escotilla era más bien una guía porque el proceso no había sido probado después de un vuelo.

Grissom fue el primero en pasar por ella y no había sido entrenado en los nuevos mecanismos. Aquellos que trabajaron estrechamente con él, así como los altos directivos de la NASA, creían que había actuado adecuadamente para su situación.

Hoy en día, la NASA usaría esto como una señal de que las cosas necesitan cambiar. En 1961, esto no era una opción debido a la carrera espacial. En lugar de ser aclamado como un héroe como Shepard, Grissom fue el primer estadounidense en tener que justificar y enfrentar el escrutinio por sus acciones. Después de esto, pasaría gran parte del resto de su carrera bajo una nube.

Debido a su rapidez de pensamiento y reacción, Grissom podría ser acreditado por ayudar a mantener el programa en marcha. Unos dos meses antes de su viaje, el presidente Kennedy había anunciado la intención de llevar a una persona a la Luna. Si Grissom hubiera muerto, le habría dado al presidente una razón para reconsiderar y potencialmente retrasar el proyecto. Grissom se dedicó a asegurarse de que las cosas salieran bien después de eso, y pasó mucho tiempo aprendiendo cómo funcionaba el Gemini cuando la NASA pasó al segundo programa. Se convirtió en la primera persona en hacer un segundo viaje al espacio.

La tenacidad y dedicación de Grissom le ganaron un considerable respeto dentro de la NASA, y fue elegido para ser el capitán de los tres miembros de la tripulación del *Apolo 1*. Él y los otros dos miembros de la tripulación, Edward White y Roger Chaffee, murieron cuando la cápsula rica en oxígeno se incendió durante un ensayo. Algunos de los miembros más antiguos de la NASA han admitido desde entonces que si hubiera vivido, Grissom habría sido su elección para ser el primer hombre en la Luna, ya que estuvo en el programa más tiempo que nadie.

Poco después del exitoso viaje de Grissom al espacio, Gherman Titov se convirtió en el segundo soviético en entrar al espacio, y pasó mucho más tiempo en el espacio que Gagarin. Ambos soviéticos se las arreglaron para lograr más que los cortos viajes completados por los astronautas.

Titov fue uno de los finalistas para ser el primer hombre en el espacio, pero había buenas razones por las que no fue elegido finalmente para la distinción. A diferencia de Gagarin, Titov tenía un temperamento que le había metido en problemas en algunas ocasiones (algunos incluso dicen que fue una de las razones por las que no fue seleccionado para ser el primer cosmonauta en el espacio). Se decía que él y Gagarin se enfrentaban, en gran parte debido al temperamento de Titov. Solo un poco más alto que Gagarin, con un metro y medio de altura, era lo suficientemente pequeño como para caber en la cápsula, sin embargo, la estructura de su estudio y su historia atlética lo hacían ideal para el segundo viaje, que sería considerablemente más largo que un solo viaje alrededor de la Tierra.

El propio Titov indicaría más tarde que estaba de acuerdo con la elección de enviar primero a Gagarin al espacio, especialmente porque el primer hombre en el espacio pasaría mucho tiempo viajando por la Unión Soviética hablando con la gente. Según Titov, "Era el carácter de Gagarin lo que más importaba. [Yuri] resultó ser el hombre que todos amaban. Yo, ellos no podrían amar… No soy agradable. Tengo un carácter muy explosivo. Podría decir fácilmente cosas groseras, ofender a alguien y alejarme. No era una persona muy conveniente para el liderazgo; tenía mi propia opinión sobre las cosas y sabía cómo insistir en ellas. Esto no siempre despertaba sentimientos cálidos… pero Yuri podía hablar libremente con cualquiera… podía hablar su idioma. El primer hombre en el espacio tenía que ser una persona agradable y atractiva… tenían razón al elegir a [Yuri]".

El vuelo de Titov fue el segundo para la Unión Soviética, pero fue la cuarta persona en el espacio (Shepard y Gus Grissom habían ido ambos al espacio para el momento del lanzamiento). Despegó el 6 de agosto de 1961, convirtiéndose en la segunda persona en orbitar la

Tierra. Fue la primera persona en pasar más de un día en el espacio, con una misión que duró veinticinco horas y dieciocho minutos. Regresó a la Tierra y se convirtió en otro héroe soviético.

Más tarde tendría otra primicia que es mucho menos conocida. Unos meses antes de su vuelo, Titov y su esposa perdieron un hijo por un defecto del corazón. Unos años después de su viaje al espacio, tendrían una hija sana, convirtiéndola en el primer descendite de una persona que había ido al espacio. No volvió al espacio, sino que se convirtió en diputado del Soviet Supremo. Cuando se disolvió la Unión Soviética en 1991, se dedicó a la política y votó en el parlamento ruso en 1995. Murió en 2000.

John Glenn fue uno de los siete astronautas originales del Proyecto Mercury. El 20 de febrero de 1962, se convirtió en la quinta persona en el espacio y el primer americano en orbitar completamente la Tierra. Tres mujeres que trabajan con computadoras en la NASA aseguran que su viaje fue un éxito: Mary Jackson, Dorothy Vaughan y Katherine Johnson. Como Shepard, Glenn se convirtió en un héroe americano inmediato. Su misión duró cuatro horas y cincuenta y cinco minutos. También pronunciaría una de las citas más famosas sobre lo que fue ser una de las primeras personas en el espacio: "Me sentí exactamente como te sentirías si te prepararas para el lanzamiento y sabías que estabas sentado encima de dos millones de piezas, todas construidas por el oferente más bajo en un contrato del gobierno". Fue quizás lo más cercano que cualquiera de los astronautas llegó a criticar a la NASA, pero fue ciertamente una crítica justa de su situación. Los hombres ya estaban arriesgando sus vidas para ver qué era posible, mientras que el gobierno elegía contratos que les ayudarían a mantener el presupuesto para continuar con el vuelo. Esto demostraría ser algo que más tarde volvería a atormentar a la NASA en los años 80.

Glenn se retiró de los viajes espaciales en 1964, pero no se mantendría alejado por mucho tiempo. En 1974, fue elegido para el Senado de los EE. UU., sirviendo como senador por Ohio. Fue elegido repetidamente para servir en el Senado, y se convirtió en uno de los principales expertos del Senado en ciencia y tecnología. Se retiró del Senado en 1997. Al año siguiente, regresó al espacio, convirtiéndose en la persona de mayor edad en ir al espacio en ese momento. Durante el vuelo, ayudó a estudiar el proceso de envejecimiento, pasando más tiempo en el espacio durante este último viaje que su visita anterior, un total de nueve días. Glenn murió en 2016, convirtiéndose en el último de los astronautas originales en fallecer.

La primera mujer en el espacio

Mientras que la NASA debatía acerca de añadir mujeres a las listas de astronautas (algo a lo que los hombres del programa parecían haberse opuesto: Glenn hizo un discurso que en gran parte dijo que no era el papel de la mujer en la sociedad americana), la URSS tuvo muchos menos problemas con el concepto de la participación de la mujer en la carrera espacial.

Debido a esta diferencia, los soviéticos se distinguieron rápidamente por poner a la primera mujer en el espacio dos décadas antes que los EE. UU. Inspirada por el viaje de Gagarin al espacio, Valentina Tereshkova se unió al programa de cosmonautas. Aunque no tenía experiencia como piloto, fue miembro activo del Club de Deportes Aéreos Yaroslavl y realizó 126 saltos en paracaídas con éxito. Como los cosmonautas eran expulsados de sus cápsulas, esto la convirtió en una candidata ideal. Ella y otras cuatro mujeres se sometieron a dieciocho meses de entrenamiento muy similar al de los hombres.

Elegida para ser la piloto de *Vostok 6*, Tereshkova fue la única mujer de las cinco que hizo el viaje al espacio el 16 de junio de 1963, dos días después de que Valery Bykovsky fuera enviado al espacio en *Vostok 5*. La pareja condujo diferentes órbitas y pasaron cerca una de la otra, probando las comunicaciones a medida que pasaban. Su imagen y el tiempo en la cápsula fueron transmitidos a la URSS mientras registraba más de setenta horas y casi cincuenta rotaciones alrededor de la Tierra.

Durante su tiempo en el espacio, hubo un problema con el software de navegación automática, causando que su nave comenzara a alejarse del planeta. Cuando se dio cuenta, recibió un nuevo conjunto de algoritmos de los científicos de la Tierra. Regresó a salvo, cerca de la frontera entre Kazajstán, Mongolia y China. Su cara estaba magullada, pero por lo demás estaba ilesa. En lugar de ir a hacerse las pruebas médicas necesarias, fue con el equipo de recuperación a cenar primero, algo que le valió una reprimenda.

Aunque pocos sabían del desastre que se avecinaba, Valentina fue aclamada como una heroína. Al igual que Gagarin, se convertiría en portavoz de los soviéticos. Aunque no regresó al espacio, se convirtió en piloto de pruebas y obtuvo un doctorado. En 1963, se casó con otro cosmonauta, Andriyan Nikolayev. Se convirtieron en la primera pareja en la historia de la humanidad en ir al espacio y tener un hijo juntos. Su hija recibió atención del campo de la medicina por esto, y más tarde, ella misma se convirtió en doctora.

Tereshkova continuó hablando de su tiempo en el espacio y se convirtió en miembro del esfuerzo de cooperación en viajes espaciales con otras naciones. Todavía está viva y es un miembro activo de la comunidad espacial.

Capítulo 9 - La resolución y predicción de JFK de la victoria final: Llegar a la Luna

A principios de los años 60, la carrera espacial se estaba calentando a medida que las dos naciones se las arreglaban para enviar gente al espacio. El 12 de septiembre de 1962, el presidente John F. Kennedy pronunció un discurso para despertar las emociones y el entusiasmo del pueblo americano por los esfuerzos de viajar al espacio. Conocido hoy en día como el "Discurso de la Luna", este discurso ayudó a centrar más la atención en el esfuerzo estadounidense en la exploración espacial, que había perdido algo de brillo, ya que los soviéticos continuamente superaron a los EE. UU. en los principales hitos.

Hablando frente a una multitud en la Universidad Rice en Houston, Texas, el presidente no se centró en lo que había sucedido (Shepard, Grissom y Glenn habían ido todos con éxito al espacio, pero los soviéticos habían hecho más con sus dos, quienes orbitaron la Tierra), sino en lo que él quería que sucediera. Había hablado por primera vez de ir a la Luna el año anterior, pero la URSS había hecho repetidamente más desde entonces. Al reenfocar los esfuerzos del país en lo que era posible, inspiró a más gente a apoyar el programa. Kennedy no solo declaró el plan de poner un hombre en la Luna, sino que lo convirtió en un objetivo americano que recibió la financiación necesaria para asegurar que se lograra antes del final de la década.

El discurso fue parte de una gira más amplia que incluyó una visita a Houston, Florida y Alabama (tres lugares clave para el trabajo de la NASA). Con la gente empezando a preguntarse por qué los EE. UU. estaban involucrados en la carrera, Kennedy hizo hincapié en que no se trataba solo de vencer a los soviéticos, sino de empujar los límites como parte del sueño americano. A una multitud de unas 40.000 personas, dijo algunas de las palabras que es más conocido por pronunciar durante su presidencia:

> "Los ojos del mundo miran ahora al espacio, a la Luna y a los planetas más allá, y hemos prometido que no lo veremos gobernado por una bandera hostil de conquista, sino por una bandera de libertad y paz. Hemos prometido que no veremos el espacio lleno de armas de destrucción masiva, sino con instrumentos de conocimiento y comprensión.
>
> Pero los votos de esta nación solo pueden cumplirse si nosotros, en esta nación, somos los primeros y, por lo tanto, pretendemos ser los primeros. En resumen, nuestro liderazgo en la ciencia y en la industria, nuestras esperanzas de paz y seguridad, nuestras obligaciones para con nosotros mismos y para con los demás, todo ello requiere que hagamos este esfuerzo, que resolvamos estos misterios, que los resolvamos por el bien de todos los hombres, y que nos convirtamos en la principal nación espacial del mundo.
>
> Elegimos ir a la Luna. Elegimos ir a la Luna en esta década y hacer las otras cosas, no porque sean fáciles, sino porque son difíciles, porque ese objetivo servirá para organizar y medir lo mejor de nuestras energías y habilidades, porque ese desafío es uno que estamos dispuestos a aceptar, uno que no estamos

dispuestos a posponer, y uno que pretendemos ganar, y los otros también".

- Presidente John F. Kennedy

Su argumento era que los viajes espaciales eran inevitables. Si los Estados Unidos no continuaban avanzando, los soviéticos tendrían ventaja, haciendo el espacio mucho más hostil (los soviéticos tenían una preocupación similar si los Estados Unidos tenían ventaja). Al renunciar a esa ventaja, los Estados Unidos estaban fallando en sus responsabilidades de utilizar su tecnología y sus habilidades en toda su extensión.

Una de las razones por las que Kennedy no se centró en el pasado, sino que se fijó este ambicioso objetivo fue que se trataba de un área en la que los soviéticos no tenían ya una ventaja sustancial. Con Gagarin convirtiéndose en la primera persona en el espacio, los EE. UU. necesitaban un objetivo a más largo plazo que le diera al país una buena oportunidad de tener éxito primero. Kennedy y su administración consultaron con su mejor científico, von Braun, para ver qué era realista. Von Braun dijo que la mejor oportunidad que tenían los EE. UU. era con el objetivo de llegar a la Luna. Los EE. UU. tenían cápsulas más grandes, lo que le daba una ventaja sobre la URSS.

El discurso fijó un objetivo increíblemente difícil, pero originalmente había incluido un plazo más corto: se suponía que debía anunciar el objetivo de aterrizar en la Luna para 1967. Esto habría sido una forma de señalar el 50 aniversario de la Revolución Bolchevique y podría haber ayudado a empujar a los soviéticos a aceptar el desafío que el presidente había lanzado. Afortunadamente, Kennedy se dio cuenta antes de comenzar su discurso que los plazos eran quizás demasiado ambiciosos y cambió la redacción para que simplemente dijera al final de la década.

Kennedy fue asesinado unos años más tarde, pero su visión se hizo realidad, ya que los americanos serían los primeros en la Luna (los soviéticos nunca lograron orbitar la Luna, y mucho menos aterrizar en ella), y alcanzarían este importante hito en 1969 antes de que terminara la década.

Sus palabras aún resuenan hoy en día, aunque por diferentes razones. La financiación de la NASA comenzaría a reducirse después de que los Estados Unidos hubieran mostrado su dominio en el espacio, pero cualquier esfuerzo por cerrar partes de la agencia ha sido fácilmente negado. Esto se debe en gran medida a que el espacio todavía inspira a la gente a hacer más. Algunos incluso atribuyen al discurso el haber empujado a los EE. UU. a cumplir el objetivo expresado por un presidente que fue asesinado en el cargo. El dinero se invirtió en el Proyecto Apolo, y se estima que el proyecto completo costó 25.000 millones de dólares (unos 100.000 millones de dólares hoy en día con la inflación). Aunque algunos expertos creen que la gente habría caminado inevitablemente sobre la Luna, incluso ellos piensan que podría haber tomado décadas. Dada la rapidez con la que la financiación de la NASA se enfrió tras el éxito de Apolo, también es posible que el hito no se hubiera alcanzado tan rápidamente sin el discurso entusiasta de Kennedy.

Lo que es seguro es que sin el discurso y la carrera espacial, el empuje para llegar a la Luna habría sido mucho más débil y probablemente habría permanecido solo dentro de una pequeña comunidad. Tal como fue, Kennedy hizo de esto un punto de orgullo e interés nacional que dio a los americanos un objetivo común y un plazo establecido para lograrlo.

Capítulo 10 - Los tres programas primarios de la NASA

Debido a la naturaleza secreta del programa espacial soviético, es mucho más difícil profundizar en los detalles de su trabajo. Guardaron documentos de su progreso, pero muchos de ellos solo se publicaron a finales del siglo XX y principios del XXI. La NASA fue mucho más abierta sobre su trabajo porque los EE. UU. querían hacer de la exploración espacial un esfuerzo internacional. Mantuvieron algunos elementos en secreto, particularmente la tecnología usada para lograr algunas de sus más impresionantes hazañas, pero publicaron una considerable cantidad de información sobre sus proyectos primarios. A diferencia de la URSS, la exploración espacial en los EE. UU. se estableció para ser algo para todos, no solo para los militares. Hubo un cruce entre la tecnología y el conocimiento aplicado a los viajes espaciales y utilizado en el ejército (y los astronautas eran a menudo seleccionados de entre los pilotos militares), pero mucho de lo que los EE. UU. aprendieron fue compartido con el mundo.

Los tres proyectos primarios que la NASA estableció están bien documentados en los medios de comunicación y en los archivos, dando a la gente una forma de ver cómo fueron recibidos y qué tipo de expectativas se establecieron para cada uno de ellos.

Proyecto Mercury - 1961 hasta 1963

Una cosa que nadie sabía a principios de 1961 era si era posible enviar a alguien al espacio. Se sabía que Laika había sobrevivido durante un tiempo en el espacio (la mayor parte del mundo todavía tenía la impresión de que había sobrevivido durante la mayoría de las órbitas), pero eso no significaba necesariamente que fuera posible para una persona soportar la misma experiencia en base a lo que una persona requiere en comparación con un perro, particularmente en términos de oxígeno. Dado que la URSS no proporcionó información real con su anuncio, los EE. UU. no tenían ni idea de qué esperar del lanzamiento de un animal más grande al espacio, y mucho menos de lo que le sucedería a una persona. Este sería el primer objetivo obvio para los EE. UU., seguido de la información sobre cómo podrían mantener la vida durante períodos más largos de tiempo. Tomarían un enfoque muy medido para lograrlo, preparando el escenario para cómo se establecerían los otros dos proyectos.

El objetivo principal del Proyecto Mercury era evaluar si los humanos podían soportar la experiencia, lo que se necesitaba para sostener la vida humana en el espacio, y comenzar a comprender lo que se podía lograr. En este punto, no estaban seguros de que un viaje a la Luna fuera posible. Las primeras misiones de Mercury se centraron en enviar a una sola persona al espacio usando naves diseñadas específicamente para el proyecto. Sin embargo, había espacio para acortar el proyecto en caso de que pudieran lograr el objetivo principal antes de tiempo. El Proyecto Mercury consistía tanto en establecer un ritmo realista para lo que era posible y seguro como en vencer a los soviéticos. Después de todo, había habido suficiente alboroto entre otras naciones tras la muerte de Laika que los EE. UU. no querían enfrentarse potencialmente a una reacción por no completar su debida diligencia. También aprenderían a través de este proyecto lo caro que era entrenar y preparar a la gente para el viaje al espacio.

El Proyecto Mercury tuvo seis misiones, con los astronautas pasando un total de treinta y cuatro horas sobre la Tierra. La misión de Shepard fue parte del proyecto Mercury. Inspirado por el éxito del lanzamiento, Kennedy anunció la intención de llevar un hombre a la Luna antes del final de la década. Con más fondos asignados al esfuerzo, la NASA comenzó a planear para cumplir el objetivo de llevar gente a la Luna. Esto no significó que el Proyecto Mercury terminara. La NASA continuó enviando astronautas al espacio por breves períodos para aprender más sobre lo que la gente necesitaría mientras orbita en el espacio.

Proyecto Gemini - 1965 hasta 1966

El Proyecto Gemini se basó en los exitosos lanzamientos del Proyecto Mercury. Los dos primeros lanzamientos (8 de abril de 1964 y 19 de enero de 1965) fueron misiones de prueba y no tenían tripulación. La primera misión con una tripulación se lanzó el 23 de marzo de 1965 y regresó a la Tierra el mismo día.

La NASA utilizó el Gemini para aprender más sobre lo que era posible en el espacio. Probaron cómo maniobrar en el espacio, cambiar de órbita, acoplarse con un cohete (tendrían que acoplarse con el vehículo principal después de llegar a la superficie de la Luna), y pasar algún tiempo en el espacio. Todas estas actividades eran necesarias para lograr el objetivo a largo plazo de caminar en la Luna. La última misión, Gemini 12, incluyó a Jim Lovell y Buzz Aldrin y duró desde el 11 de noviembre de 1966 hasta el 15 de noviembre de 1966. Al devolver a ambos hombres a salvo, la NASA demostró que podía soportar la vida en el espacio por algo más que un viaje corto.

La misión más larga fue la de *Gemini 7*, con un lanzamiento el 4 de diciembre de 1965 y un amerizaje el 18 de diciembre de 1965. La tripulación, Frank Borman y Jim Lovell, habían pasado dos semanas en el espacio. No se sabía cuánto tiempo llevaría llevar una nave tripulada a la Luna, así que este viaje mostró a la NASA que tenía la capacidad de sostener a la gente para viajes más largos al espacio.

Durante todas las misiones, las tripulaciones habían trabajado y realizado tareas diarias regulares. Los resultados acumulados de cada misión aseguraron a la NASA que tenía sus bases cubiertas para planear un viaje a la Luna. Sus científicos podrían proporcionar un entorno en el que los astronautas pudieran vivir y trabajar durante el viaje a la Luna, y el equipo había aprendido a maniobrar las naves en el espacio, a atracar y a caminar por el espacio.

Proyecto Apolo - 1967 hasta 1972

Fácilmente el más famoso de los proyectos de la NASA, Apolo fue el que finalmente vio el último hito —gente caminando en la Luna y volviendo a casa a salvo. El proyecto comenzó con una tragedia cuando la tripulación del *Apolo 1* murió en un incendio en un ambiente rico en oxígeno. Debido a esta tragedia, se hicieron modificaciones en la cabina y en la nave.

También se probaron las naves no tripuladas. La primera tripulación que entró en el espacio como parte del Proyecto Apolo llegó a la órbita de la Luna, detrás de cuando los soviéticos habían alcanzado el objeto celestial con sus satélites. Fue entonces cuando EE. UU. realmente comenzó a tirar adelante en la carrera espacial, una posición que conservaron por el resto de la competencia. El *Apolo 8* fue lanzado el 21 de diciembre de 1968, y marcó la primera vez que EE. UU. había tomado claramente la delantera en la carrera espacial. La Unión Soviética había llegado a la Luna con *Luna 2*, pero con varios equipos compitiendo dentro del programa espacial después de la muerte de Korolev, el enfoque estaba más en superarse unos a otros que en vencer a los Estados Unidos. Mientras la URSS batallaba con las luchas internas, la NASA continuó impulsando el proyecto Apolo, que completó dos misiones más exitosas para orbitar la Luna. Durante estas misiones, el módulo Lunar fue probado para ver si los astronautas podían acoplarse y desacoplarse a la nave principal. *Apolo 11* sería la misión y la nave espacial que hizo historia con las dos primeras personas que caminaron en la Luna.

Tras el éxito del *Apolo 11*, la NASA completó seis misiones más con diversos grados de éxito. Cada misión se propuso que sus equipos visitaran y estudiaran diferentes partes de la Luna. Después de la *Apolo 11*, la misión *Apolo 13* es probablemente la siguiente más famosa, ya que una explosión impidió que la tripulación llegara a la Luna. Aunque el objetivo principal fue un fracaso, la NASA demostró su capacidad para superar lo inesperado y resolver las crisis. El equipo aun así dio la vuelta a la Luna y regresó a casa a salvo, inspirando la película, *Apolo 13*, varias décadas después.

La última misión fue la del *Apolo 17*, lanzada el 11 de diciembre de 1972 y regresando el 19 de diciembre de 1972. Seis misiones Apolo aterrizaron con éxito en la Luna, y se recogieron datos significativos durante estos viajes. Las tripulaciones regresaron con rocas, tierra y otras cosas de la superficie de la Luna, totalizando cerca de 880 libras de muestras.

Capítulo 11 - Los primeros paseos espaciales

Con la URSS y los EE. UU. trabajando para ser los primeros en la Luna, hubo muchos otros primeros. Un hito crítico para cualquier tiempo real en el espacio sería la capacidad de caminar por el espacio de forma segura. Si algo le sucediera a la nave espacial, la tripulación tendría que ser capaz de salir con seguridad y hacer reparaciones. También era necesario saber cómo reaccionaría la gente al espacio, ya que estarían expuestos a él en la superficie de la Luna. Ambos lados necesitaban determinar cómo diseñar trajes espaciales que permitieran a las personas sobrevivir fuera del ambiente controlado de sus cápsulas espaciales.

Los soviéticos fueron los primeros en completar con éxito una caminata espacial. El 18 de marzo de 1965, el cosmonauta Alexei Leonov salió de su *Voskhod* 2 y pasó doce minutos fuera de la nave. Había muchas cosas que nadie podía saber sobre estar fuera de la protección de una nave espacial, y Leonov se sentiría incómodo. Algunos que analizaron los datos de su experiencia lo describieron como algo miserable. Mientras flotaba en el espacio abierto, su temperatura subió bruscamente, poniéndolo en riesgo de insolación. Fuera de la protección de *Voskhod 2*, se expuso al vacío del espacio, lo que causó problemas que nadie había previsto. Su traje espacial se expandió, por lo que tuvo que hacer un esfuerzo cuando regresó a la escotilla para volver a entrar en la nave, algo que fue difícil, ya que ya estaba cerca del sobrecalentamiento. Habiendo reingresado en *Voskhod 2*, Leonov regresó a salvo a la Tierra. Más tarde relataría que el sonido que más recordaba era el de su propia respiración, que describió como trabajada.

Como los soviéticos no compartieron mucho de lo que aprendieron, los EE. UU. aprenderían en gran medida sobre los peligros del espacio por su cuenta. Sin embargo, también había recogido muchos más datos para planificar mejor las posibles condiciones. Por lo tanto, sus trajes espaciales no tendrían el tipo de problemas que Leonov experimentó. Unos meses después del paseo espacial soviético, la NASA envió a Edward White al espacio para llevar a cabo el primer paseo espacial americano el 3 de junio de 1965. Esto fue parte de la misión *Gemini IV*, y resultó ser una experiencia muy diferente para los americanos. Permaneciendo en el espacio por casi el doble de tiempo, a los 23 minutos, White dijo, "Me siento como un millón de dólares". Sus tareas también fueron muy diferentes: en lugar de permanecer quieto en el espacio, tenía una pistola zip de mano, que utilizaba para moverse. Como muchas otras misiones de los EE. UU., esto fue televisado, por lo que la grabación de White usando la pequeña pistola zip para disfrutar de su experiencia todavía puede ser vista hoy en día. Cuando el arma se quedó sin combustible, básicamente había terminado. Al regresar, uno de los guantes extra salió flotando de la escotilla abierta. Sabiendo que tenía que volver a la nave, se informó que White había llamado al final de su tiempo en el espacio "... el momento más triste de mi vida".

El siguiente paseo espacial ocurrió el 5 de junio de 1966, cuando Eugene Cernan tuvo la oportunidad de dejar la nave durante la misión *Gemini 9*. Dada la reacción de White, la mayoría de la gente pensó que Cernan se divertiría tanto, sobre todo porque le dieron una mochila para ayudarle a maniobrar. La mochila se encontraba fuera de la nave, lo que significaba que Cernan tenía que ir a recuperarla. Sin ningún medio de controlar sus movimientos para alcanzarla, el astronauta tuvo que moverse hacia ella usando los pocos asideros de la nave. En consecuencia, fue revolcado. Los movimientos incontrolables, junto con la arriesgada tarea, causaron que su ritmo cardíaco aumentara a 155 latidos por minuto. Su visor se empañó tanto que ya no podía ver. Aunque el tamaño de su traje espacial no era un problema, su casi ceguera le hizo aún más difícil volver a entrar en la nave que lo que Leonov había experimentado. Cernan no disfrutó de la experiencia, comparándola con tratar de poner un corcho en una botella de champán.

Buzz Aldrin sería el último americano en caminar por el espacio antes de que EE. UU. llegara a la Luna. Su viaje fue el 13 de noviembre de 1966, completando las caminatas espaciales del Proyecto Gemini. Durante esta misión, Aldrin saldría de la nave varias veces. El suyo fue el paseo espacial más largo, duró dos horas mientras se movía por el exterior de la nave con una correa, tomando fotos y mirando el mundo. Añadió a un mapa de las estrellas y recogió algunas muestras de micrometeoritos. En total, Aldrin pasó casi cinco horas y media en el espacio entre los tres viajes dentro y fuera de la nave.

El siguiente paseo espacial exitoso de los soviéticos fue en enero de 1969 e involucró a dos cosmonautas caminando por el espacio al mismo tiempo. Boris Volynov fue el comandante que permaneció en el *Soyuz 5*. Aleksei Yeliseyev y Yevgeny Khrunov dejaron la nave para abordar el *Soyuz 4*, que fue comandado por Vladimir Shatalov. Los dos hombres se trasladaron con éxito a la otra nave, aunque hubo un problema cuando Volynov volvió a la Tierra. Sobrevivió pero perdió algunos dientes cuando fue arrojado a la cabina del *Soyuz 5*.

Capítulo 12 - El primer acoplamiento exitoso de una nave espacial

Uno de los últimos grandes obstáculos para llegar a la Luna fue la capacidad de atracar en el espacio, ya que ningún vehículo podía ser enviado directamente a la Luna. Como esto era imposible de replicar en la Tierra, se convirtió en una de las últimas grandes misiones del Proyecto Gemini. El 16 de marzo de 1966, el *Gemini 8* fue lanzado desde Cabo Cañaveral, Florida. A bordo de la nave estaban Neil Armstrong y David Scott, quienes estarían en el espacio por tres días para completar varias tareas. El objetivo principal era que los dos hombres completaran una serie de cuatro pruebas de acoplamiento. Este era un paso necesario para llegar finalmente a la Luna, ya que la NASA estaba trabajando en el módulo lunar. La nave en la que estarían los astronautas cuando fueran a la Luna no estaba destinada a aterrizar en su superficie. En cambio, el módulo lunar sería usado por las dos personas que caminarían en la Luna. Después de salir de la Luna, los astronautas tendrían que acoplarse a la nave principal antes de iniciar el viaje de regreso a la Tierra.

Había habido dos misiones Gemini anteriores (6 y 7) en las que la tripulación se había reunido con éxito en el espacio pero no había intentado acoplarse. Este fue un hito que EE. UU. alcanzó primero en una serie de primeras que cada vez más se dirigieron a la nación capitalista, en particular después de que el principal científico soviético, Korolev, muriera en 1966. Sin él, los soviéticos se quedarían atrás mientras los miembros de sus equipos espaciales compitieran por el control y compitieran entre ellos. Korolev había sido en gran parte su líder unificador, lo cual se hizo evidente después de su muerte.

Durante la misión Gemini, Scott estaba programado para completar varias actividades extra-vehiculares (EVA), las cuales se construirían en el paseo espacial de White el año anterior. Armstrong estaba al mando, y después de completar cinco órbitas en seis horas, movió la nave hacia Agena-D para empezar a atracar. Scott describiría más tarde la experiencia, diciendo que se callaron mientras escuchaban las señales de que el acoplamiento iba como estaba planeado. Armstrong y Scott escucharon el primer contacto con la nave objetivo, seguido del inconfundible sonido de los pestillos que se cerraban en su lugar. Dijeron que era sorprendentemente fácil.

Este temprano éxito se vio rápidamente interrumpido por problemas. Antes de que pudieran celebrar, Scott notó que la bola 8 que el comandante había mandado con ellos estaba rodando, lo que no debería haber hecho en el espacio. Para conservar el combustible de la nave Gemini, la tripulación había usado el motor del Agena para completar el acoplamiento. Apagaron esto, lo cual detuvo momentáneamente el movimiento del juguete. Pero luego comenzó a rodar más rápido. El par estaba rotando a lo largo de los tres ejes (giro, cabeceo y balanceo). El Control de la Misión les había aconsejado que se desacoplaran si tenían problemas, lo cual hizo Armstrong. Una vez que se separaron, la tripulación comenzó a tratar de estabilizar al Gemini. Fue entonces cuando se dieron cuenta de que el problema era con *Gemini 8*, no con Agena. Más tarde se enterarían de que uno de los sistemas de maniobra del *Gemini 8* había sufrido un cortocircuito y se disparaba constantemente.

Llamando al control de Tierra, informaron que tenían un problema cuando Gemini se desplomó de punta a punta a través del espacio. Se estima que estaban completando una revolución cada segundo, y estaba empezando a marear a ambos hombres. Pensando rápidamente, Armstrong deshabilitó los propulsores de OAMS y activó los propulsores de la parte delantera de la nave, lo que ayudó a estabilizarla.

Aunque habían planeado hacer mucho más, ambos hombres sabían que el protocolo les pedía que se dirigieran a casa. No sabían qué era lo que estaba causando el problema, así que necesitaban volver para que la nave espacial fuera evaluada. A pesar del problema, habían atracado con éxito. Esta misión fue un éxito parcial, pero al no haber completado todas las tareas inicialmente planeadas, no se consideró un éxito completo. Se las arreglaron para demostrar que era posible, incluso fácil, acoplar con otra nave sin que un astronauta tuviera que salir. Esto fue al menos una prueba de concepto confiable, así que la NASA pudo avanzar con el Proyecto Gemini. A pesar del éxito mixto de la misión, terminó en el *Guinness World Records* como la primera vez que dos naves se acoplaron en el espacio. El récord se refiere al hecho de que los paseos espaciales fueron desechados porque los propulsores funcionaron mal.

El *Gemini 10* completaría con éxito el resto de las tareas originales de *Gemini 8* con los miembros de la tripulación John Young y Michael Collins.

En 1967, los soviéticos completaron el primer acoplamiento no tripulado en el espacio. Luego, en enero de 1969, atracarían con éxito con los miembros de la tripulación. Como la URSS era el único país que trabajaba en el espacio en ese momento, también obtuvieron una mención en el *Guinness World Records*. Además menciona que los miembros de la tripulación fueron capaces de cambiar con éxito.

Capítulo 13 - Apolo 11: Un pequeño paso para el hombre

Aunque el proyecto Apolo comenzó en tragedia, al final le dio a los EE. UU. una ventaja innegable en la carrera espacial. La URSS nunca alcanzaría los logros americanos.

El 20 de julio de 1969, la NASA envió con éxito una tripulación a la Luna, y dos de los tres hombres aterrizaron con éxito en la superficie antes de regresar más tarde.

Planificación

Tras el desastre y la tragedia del *Apolo 1*, la NASA esperó casi dos años para la siguiente misión tripulada a la Luna para asegurarse de que un desastre similar no volviera a ocurrir. Habían perdido tres hombres en la Tierra, y esto les recordó a todos lo peligrosa que era la exploración espacial, incluso antes de que los astronautas llegaran al espacio.

Tres hombres fueron elegidos para tripular el *Apolo 11*: el comandante Neil Armstrong, Buzz Aldrin y Michael Collins. Todos los hombres tenían una historia única que los hacía ideales para sus respectivos roles. A los treinta y ocho años, Armstrong había comandado dos misiones y fue el primer civil en hacerlo. Aldrin, un año mayor, fue el primer astronauta en tener un doctorado. Su intelecto lo convirtió en una elección ideal como piloto del módulo lunar. Finalmente, Collins había caminado con éxito en el espacio durante el *Gemini 10*.

A Collins se le asignó el papel de permanecer en la nave espacial Apolo mientras Armstrong y Aldrin abordaban el módulo lunar y caminaban por la superficie lunar. Antes de la misión, los hombres no habían trabajado juntos, pero una vez seleccionados, pasaron por un riguroso programa de entrenamiento que duró seis meses. Los tres habían participado en misiones exitosas, pero era la primera vez que trabajaban juntos en una misión.

El lanzamiento y el aterrizaje en la Luna

El 16 de julio de 1969, los tres miembros de la tripulación despegaron de Cabo Cañaveral, Florida, a las 9:32 a. m. Las cámaras estaban rodando para capturar el lanzamiento, y la tripulación se filmó dos veces durante su vuelo. Su tercera transmisión ganó mucha más atención que las otras transmisiones porque la superficie de la Luna podía ser vista desde la nave. Llevó cuatro días, pero el 20 de julio de 1969, Armstrong y Aldrin subieron a bordo del módulo lunar, llamado "Águila", y partieron hacia la superficie lunar.

Aldrin aterrizó el Águila en lo que se llama el Mar de la Tranquilidad, una considerable región basáltica de la Luna. Tras su exitoso aterrizaje, Armstrong informó al control de la misión: "Houston, Base de la Tranquilidad aquí. El Águila ha aterrizado". Después de esto, los dos hombres no salieron corriendo por la puerta, como mucha gente hoy en día se imagina. En su lugar, pasaron dos horas haciendo un chequeo completo de los sistemas, configurándolos para que el módulo lunar permaneciera en la Luna. Estaban a punto de salir de una nave sin ninguna atadura, así que querían asegurarse de que no se alejara o tuviera algún problema que los dejara varados en la superficie lunar. También tuvieron una comida.

Un gran salto para la humanidad

Después de esas dos horas, las cámaras se encendieron, y la gente vio como Armstrong salía del Águila. A las 11:56 p. m., Armstrong hizo historia al dar el primer paso en la Luna y pronunció una de las citas más conocidas de la historia de la humanidad: "Ese es un pequeño paso para el hombre, un gran salto para la humanidad". Unos veinte minutos después, la salida de Aldrin del Águila fue capturada por Armstrong de la superficie lunar. Las imágenes de la época son en su mayoría de Aldrin, ya que, como comandante, Armstrong era responsable de documentar toda la misión y era el que tomaba las fotos. Dada la dificultad de diferenciarlos en sus grandes trajes espaciales, esto es algo que a menudo pasa desapercibido para la gente de hoy en día.

Sin embargo, no fue suficiente que los hombres simplemente aterrizaran en la Luna y regresaran. La NASA se dedicó a obtener la mayor cantidad de datos científicos posibles de cada misión y, considerando que era la primera vez que alguien había aterrizado en la Luna, había muchas tareas que Armstrong y Aldrin debían completar antes de regresar a casa. Completaron varios experimentos y recogieron muestras de la superficie lunar. Una de las tareas más interesantes que completaron mientras estaban en la Luna fue llamar al presidente Richard Nixon.

Un elemento sombrío se añadió al viaje mientras colocaban medallas en el planeta para conmemorar a los astronautas y cosmonautas que habían muerto, incluyendo a Gagarin y a los tres miembros de la tripulación del *Apolo 1*. Aunque la carrera espacial puede haber causado tensiones entre los dos países, las personas que habían estado en el espacio sentían un sentido de camaradería que hacía que la nacionalidad fuera irrelevante. La competición no negó lo que la otra nación había logrado, y aquellos que murieron en la búsqueda de la exploración espacial merecían ser recordados.

Como la NASA había trabajado con científicos de muchas otras naciones, un disco que incluía mensajes proporcionados por setenta y tres países fue dejado en la Luna. Los astronautas también dejaron una placa con las siguientes palabras:

> Aquí los hombres del planeta Tierra
>
> La primera vez que pisó la Luna
>
> Julio de 1969, d. C.
>
> Vinimos en paz por toda la humanidad

Aunque ciertamente había un sentido de respaldo internacional, Armstrong y Aldrin plantaron la bandera de EE. UU. en la Luna, proporcionando un símbolo visible de quién había llegado primero a la Luna.

Durante su estancia en la Luna, los dos se habían alejado hasta 200 pies del Águila cuando se dirigieron a un cráter en la superficie lunar. Cuando se fueron, se llevaron más de 45 libras de muestras con ellos. Informaron que moverse por la superficie lunar era mucho más fácil de lo que habían imaginado. Armstrong había estado fuera de la nave durante unas dos horas y media cuando volvió a entrar en el Águila.

Cuando el Águila dejó la Luna, había pasado veintiuna horas y media en la superficie, o casi un día completo. A la 1:54 p. m., regresaron al *Columbia* con las muestras que habían recogido. Esta vez, Armstrong tuvo una experiencia de acoplamiento mucho más suave. De vuelta a la nave, comenzaron su regreso a la Tierra.

El 24 de julio de 1969, a las 12:50 p. m., Armstrong y Aldrin se precipitaron en el océano Pacífico. Fueron recuperados y puestos inmediatamente en trajes de aislamiento, ya que no era seguro que algo dañino pudiera haber regresado con ellos de la Luna. Una vez que fueron lavados con yodo, abordaron un helicóptero para comenzar su viaje de regreso a Houston. Cuando llegaron a Houston, comenzaron la cuarentena, que duró hasta el 10 de agosto de 1969.

Armstrong se mudó en gran medida a una vida más privada. Murió el 25 de agosto de 2012. Aldrin y Collins continuaron hablando como miembros del proyecto Apolo hasta bien entrados los 80 años, y ambos hombres seguían vivos en el 2020.

Un logro único

La Unión Soviética no logró aterrizar en la Luna, y más de cincuenta años después, ninguna otra nación aparte de los EE. UU. ha logrado aterrizar en la Luna. La última vez que EE. UU. fue a la Luna fue en 1972. Intentar viajar a la Luna ahora significaría volver a la mesa de dibujo porque ha habido muchos avances, particularmente en términos de tecnología digital. Mientras que algunas naciones están trabajando para aterrizar en la Luna, no hay ni un fuerte incentivo para estimularlas a la acción, como el discurso del presidente Kennedy, ni una feroz competencia como la existente entre los EE. UU. y la URSS desde la década de 1950 hasta la década de 1970.

La carrera espacial continuó, pero se ralentizó significativamente después del último viaje del Apolo a la Luna. Ambas naciones se centraron en otras áreas de los viajes espaciales. Los EE. UU. se movieron hacia el desarrollo de transbordadores espaciales, que proporcionarían una forma más fácil de controlar el aterrizaje después de volver a la atmósfera de la Tierra. Estas naves no podrían aterrizar en la Luna. La URSS se centró en gran medida en el trabajo con satélites, ya que era menos costoso enviar vehículos no tripulados al espacio.

Incluso si no era el final de la carrera espacial, no había más hitos inspiradores que pudieran compararse con los que se han dado hasta ahora (ir a Marte estaba mucho más allá de la capacidad de cualquiera de las dos naciones). Aunque todavía habría muchos otros primeros logros de ambas naciones, no ha habido la misma cantidad de interés o dedicación de fondos desde 1972. El público de hoy en día parece dar por sentado que la gente puede caminar en la Luna, pero se necesitará un considerable replanteamiento de cómo hacerlo y casi tantos años para lograrlo como el tiempo transcurrido entre el discurso de Kennedy en 1962 y el primer paso que dio Armstrong en 1969.

Capítulo 14 - Aquellos que dieron sus vidas

Todas las personas que eligieron ser cosmonautas y astronautas entraron en sus respectivos programas conociendo los riesgos. Lo que hacían era comparable a lo que los europeos habían hecho cuando se dirigieron al Nuevo Mundo a través de un océano. Sin embargo, a diferencia de esos viajeros, la gente que eligió ir al espacio lo hizo sabiendo que no habría ayuda si algo sucedía. Ninguna nave podía ir a salvarlos. El espacio era una frontera desconocida donde cualquier cosa que saliera mal significaría la muerte para los que estaban a bordo de sus naves. Apolo 13 es quizás el ejemplo más conocido de cómo las cosas podrían haber salido mal (en gran parte debido a la película que inspiró varias décadas después).

Desafortunadamente, hubo momentos en que la gente no tuvo éxito en escapar de la muerte. Dado lo poco que se sabía sobre el espacio y las condiciones más estables para la vida humana, hubo momentos en los que la práctica de los posibles problemas y condiciones condujo a la muerte de los astronautas y cosmonautas mientras aún estaban en la Tierra.

Los cosmonautas que se sabe que perecieron durante sus deberes

Solo desde que la carrera espacial terminó, la URSS (y más tarde Rusia) comenzó a dar a conocer detalles sobre su programa espacial y el número de cosmonautas que murieron se hizo público.

Mientras se preparaba para lanzar a la primera persona al espacio, la URSS comenzó a entrenar a los cosmonautas en un ambiente rico en oxígeno. El cosmonauta que estaba en la cabina de entrenamiento en ese momento murió en un incendio que rápidamente se descontroló. Si los soviéticos hubieran compartido lo que aprendieron durante esta tragedia, se podrían haber salvado otras vidas.

Durante mucho tiempo, el primer cosmonauta conocido que murió fue Vladimir Komarov. Cuando el paracaídas del *Soyuz 1* fue desplegado, no se abrió. Cayó en picado a la Tierra, muriendo el 24 de abril de 1967.

Mientras se desacoplaban de la estación espacial Salyut 1, la tripulación del *Soyuz 11* se dirigió a casa el 30 de junio de 1971. Aproximadamente treinta minutos antes de regresar a la Tierra, una de las válvulas clave se abrió, presumiblemente, causando la descompresión de la cabina. Los tres cosmonautas, Georgi Dobrovolski, Vladislav Volkov y Viktor Patsayev, habrían muerto instantáneamente. Cuando la nave aterrizó, la gente abrió la puerta y encontró a los tres cosmonautas muertos. Hasta principios del siglo XXI, fueron las únicas tres personas que murieron en el espacio.

Se desconoce cuántos cosmonautas murieron, ya que la exactitud de los registros soviéticos es cuestionable. Es posible que el número de personas que se sabe que murieron cumpliendo con sus deberes sea exacto, pero también es posible que los registros fueran falseados, como lo que se reportó sobre Laika. Pasaron décadas antes de que se conociera su destino real. Aun así, la información fue finalmente divulgada, sugiriendo que puede que no hubiera habido más muertes.

Los astronautas que perecieron

Técnicamente, no hay astronautas estadounidenses que hayan muerto en el espacio. Eso no significa que la nación tenga un historial impecable. Más de unos pocos astronautas han perecido durante el entrenamiento o durante diferentes fases de las misiones.

El primer astronauta que murió fue Theodore Freeman mientras probaba un T-38 el 31 de octubre de 1964. Durante la prueba, golpeó un ganso. Partes del vehículo se rompieron y fueron succionadas por los motores. Aunque salió del vehículo con éxito, Freeman estaba demasiado cerca del suelo para que su paracaídas se desplegara completamente, y murió.

Dos astronautas, Charles Bassett y Elliot See, los miembros de la tripulación de *Gemini 9*, murieron a bordo de un T-38. Otro astronauta, Clifton Williams, también moriría a bordo de un T-38.

Como se relató anteriormente, la tripulación original del *Apolo 1*, Virgil Grissom, Roger Chaffee y Edward White, murió mientras se entrenaba para la misión en Cabo Kennedy. La NASA había construido un ejercicio de entrenamiento en un ambiente rico en oxígeno. Como los soviéticos habían aprendido unos años antes, este era un entorno arriesgado. Cuando se inició un incendio en la cabina, los astronautas perecieron antes de que nadie pudiera llegar a ellos.

Michael Adams no era oficialmente un astronauta cuando subió a bordo del X-15 el 15 de noviembre de 1967. El vehículo explotó mientras estaba en vuelo, matándolo. Se le daría el título póstumo de astronauta.

Quizás el incidente americano más conocido y fatal ocurrió el 28 de enero de 1986. Con el enfriamiento de la carrera espacial y los pocos nuevos hitos alcanzados en los años anteriores, los lanzamientos no habían atraído mucha atención. Pero, por primera vez, la NASA estaba enviando a un civil. Después de una larga competición, una profesora, Sharon (Christa) McAuliffe, fue seleccionada para unirse a seis astronautas en el transbordador espacial *Challenger*. El día del lanzamiento hacía frío, causando la falla de un anillo "O" que era parte de los motores del cohete. Cuando el motor empezó a tener fugas en el escape, otras partes de la estructura empezaron a fallar. El transbordador había despegado a tiempo, pero setenta y tres segundos después, mientras subía al cielo, el transbordador explotó. Las siete personas a bordo murieron:

- El comandante Dick Scobee
- Piloto Michael Smith
- Gregory Jarvis (Especialista en carga útil)
- Judy Resnik (Especialista de la misión)
- Ronald McNair (Especialista de la misión)
- Ellison Onizuka (Especialista de la misión)
- Sharon (Christa) McAuliffe (profesora y primera ciudadana seleccionada para los viajes espaciales)

La carrera espacial terminó en 1991, pero otros han muerto en la búsqueda de promover la ciencia en los EE. UU. Todos los miembros a bordo del transbordador espacial *Columbia* perecieron cuando el transbordador espacial se desintegró al regresar a la Tierra. Hasta ese momento, la misión había sido un éxito.

Otros que murieron en nombre de la exploración espacial

La sección anterior cubría a las personas que se ofrecían como voluntarias para ir al espacio conociendo los riesgos, pero muchas otras personas murieron mientras probaban el equipo y durante los lanzamientos. Al igual que muchos otros campos científicos, los vuelos espaciales suponen un elemento de riesgo significativo para los implicados. Por ejemplo, se estima que entre 78 y 160 personas murieron cuando uno de los lanzamientos soviéticos de 1960 salió muy mal, matando a casi todos los presentes, incluidos algunos altos funcionarios soviéticos.

Aun así, es un campo que inspira y estimula la imaginación. A pesar de los peligros, sigue atrayendo la atención, y la gente está ansiosa por contribuir a la exploración espacial. Con tanto como los EE. UU. y la URSS lograron durante la carrera espacial, todavía quedan muchos primeros por lograr. Conociendo los riesgos, la gente todavía está interesada en ver lo que pueden contribuir.

La pérdida de los valientes que estaban dispuestos a arriesgar sus vidas en nombre de la exploración y el avance científico es trágica. Sin embargo, tanto el programa soviético como el americano tenían un impresionante historial de seguridad considerando los peligros de los viajes espaciales, particularmente en los primeros días. A medida que más naciones y empresas se interesaban en ver lo que podían lograr, el número de muertes ha seguido aumentando. Al igual que con la aviación, simplemente hay riesgos que vienen con el entrenamiento y los viajes espaciales. Los viajes espaciales todavía están lejos de ser lo suficientemente seguros para los vuelos comerciales, pero con el tiempo, es de esperar que se vuelvan tan fiables como los vuelos.

Capítulo 15 - El largo y accidentado camino hacia la coordinación

El miedo a perder la superioridad técnica y militar había llevado a ambas naciones a empujarse a sí mismas y a sus científicos a ser superiores a los demás. La carrera espacial ayudó a crear dos de los más avanzados y destacados programas que el mundo ha visto. En la década de 1980, el afán de superioridad había desaparecido en su mayor parte. Ambas naciones habían gastado cantidades sustanciales en sus programas. El programa de la URSS comenzaba a tener problemas y tropiezos, haciendo difícil dedicar fondos a un proyecto que no había visto ningún éxito tan inspirador como los logrados bajo Korolev.

Los Estados Unidos habían estado presionando por un mayor contingente de naciones trabajando juntas para el avance pacífico de la exploración espacial con la ayuda de las Naciones Unidas (UN), que respondieron creando un comité dedicado a la causa. Eventualmente, la URSS se uniría, aunque no en los primeros años. El Comité de Investigaciones Espaciales fue un esfuerzo similar encabezado por la comunidad científica internacional. Este comité ordenó que tanto los EE. UU. como la URSS nombraran a sus vicepresidentes en el comité, con el propósito de iniciar un diálogo entre los dos mayores participantes en la carrera espacial. El académico Anatoli Blagonravov fue el representante de la URSS. Sin embargo, hubo una complicación con este nombramiento, ya que los militares soviéticos insistieron en dar su aprobación antes de que nada se finalizara. En comparación, los EE. UU. habían estado trabajando durante mucho tiempo con otras naciones, con la NASA proporcionando un único paraguas para estos esfuerzos. Como agencia civil (no militar), se mantuvo enfocada en la ciencia en lugar de los desarrollos militares. Esto significaba que la NASA podía obtener recursos más fácilmente, desarrollar conjuntamente ideas dentro de la comunidad científica y repensar la tecnología. Los avances soviéticos realizados en los primeros días de la carrera espacial fueron insostenibles, y el aislamiento que la URSS experimentó a medida que el tiempo avanzaba la llevó a quedarse atrás tras la muerte de Korolev en 1966.

Los EE. UU. y la URSS habían intentado colaborar periódicamente desde 1960. La carrera espacial había demostrado ser un esfuerzo muy costoso, haciendo deseable un esfuerzo de colaboración por razones financieras. También les permitiría saber qué tipo de tecnología tenía cada uno, lo que podría haber aliviado algunas de las tensiones de la Guerra Fría. La iniciativa de Eisenhower, llamada "Átomos para la Paz", casi unió a las dos superpotencias en la planificación de una cumbre para abril de 1960. Desafortunadamente, la cumbre fue cancelada cuando un avión espía estadounidense fue derribado sobre el territorio de la URSS.

El presidente de los EE. UU., John F. Kennedy, continuaría intentando un enfoque más cooperativo con la URSS. El día en que asumió el cargo, su discurso inaugural expresó claramente este deseo. En 1961, pidió que este esfuerzo comenzara: "Que ambas partes busquen invocar las maravillas de la ciencia en lugar de sus terrores. Juntos exploremos las estrellas". Khrushchev no se conmovió por este llamado, especialmente porque la URSS parecía ser superior en su enfoque y ya estaba planeando enviar al primer hombre al espacio. Los medios de comunicación soviéticos mostraron sus habilidades superiores, no dándoles ningún incentivo para aceptar la llamada de los EE. UU. para trabajar juntos. El problema con este enfoque sería más obvio más tarde. La URSS estaba tan concentrada en lograr una serie de primicias que no pudo llevar a cabo los mismos niveles de investigación científica que los EE. UU. habían completado con sus primeros satélites. Los EE. UU. no estaban tan lejos de la Unión Soviética en sus primeros pasos, mientras que la brecha entre la comprensión de las naciones del espacio y los datos meteorológicos era significativa: los EE. UU. tenían mucho más conocimiento que la URSS.

Tras el exitoso viaje realizado por John Glenn en febrero de 1962, Khrushchev finalmente se puso en contacto para discutir un esfuerzo de colaboración mayor. Las dos partes comenzaron a hablar, lo que llevó a un acuerdo de que trabajarían juntos en tres áreas de mantenimiento:

    1. Las dos partes intercambiarían datos meteorológicos y tendrían un esfuerzo de lanzamiento coordinado para cualquier satélite meteorológico.

    2. Trabajarán juntos para trazar un mapa del campo geomagnético de la Tierra.

    3. Harían un esfuerzo para las comunicaciones experimentales.

Este trabajo beneficiaría a ambas naciones, ya que son los dos únicos países capaces de explorar el espacio en una medida significativa. Los esfuerzos coordinados para rastrear el clima les proporcionaría lanzamientos y recuperaciones más seguros, y el hecho de poder comunicarse ayudaría potencialmente a evitar problemas. El esfuerzo no fue tratado de la misma manera. La URSS clasificaba todo como secreto y rara vez revelaba información a los EE. UU.; los EE. UU. tendían a compartir su información. Incluso si no había compartido datos con la URSS, los EE. UU. tendían a compartir datos y conocimientos con otras naciones, haciendo la información más fácil de encontrar para los espías.

Después de que Khrushchev fuera expulsado de su cargo en 1964, el siguiente premier, Leonid Brezhnev, tomó una postura mucho más fuerte contra la colaboración. Consciente de que EE. UU. estaba en una mejor posición en términos de capacidad de misiles, se esforzó por crear una fuerza que rivalizara mejor con lo que los estadounidenses habían logrado.

Los siguientes cuatro años verían a la URSS seguir quedando por detrás de los EE. UU., y vieron como los estadounidenses caminaban sobre la Luna mientras que estaban lejos de ser capaces de cualquier logro similar. Al ver que su dominio y superioridad había terminado, los soviéticos tenían más razones para trabajar con los EE. UU., aunque tenían menos influencia ahora que estaba claro que los EE. UU. habían progresado más allá de sus capacidades. Aun así, no estaban dispuestos a admitir el estado actual de su programa y cambiaron su enfoque para establecer una presencia robótica en el espacio, que era mucho más barato que enviar gente al espacio. Los dos programas espaciales finalmente comenzaron a divergir, ya que los EE. UU. se centraron en el desarrollo de mejores métodos para viajar al espacio, mientras que los soviéticos buscaron mejores formas de permanecer en el espacio. Finalmente, esto llevó a los EE. UU. a desarrollar transbordadores espaciales mientras que la URSS finalmente crearía una estación espacial.

Una película llamada *Marooned* ayudaría a unir a las dos naciones. La trama de la película tenía a dos americanos atrapados en la órbita de la Tierra siendo salvados por cosmonautas soviéticos. Esta imagen ficticia de lo importante que era un esfuerzo de colaboración entre ambos para el éxito resonó en la pequeña comunidad espacial, y los científicos de ambos lados vieron el valor de trabajar juntos. Después de todo, no muchas personas en el planeta tenían los conocimientos necesarios para ayudar, y con pocas personas en el espacio, ayudarse mutuamente tenía más sentido que perecer por orgullo. Un nuevo impulso para trabajar juntos llegó en 1975 a través del Proyecto de Prueba Apolo-Soyuz, una misión de acoplamiento que se llevaría a cabo con éxito en julio. Tras el éxito del acoplamiento, se estableció un grupo de trabajo bilateral para seguir desarrollando un esfuerzo de mayor colaboración entre las dos naciones. Sin embargo, esto no duraría mucho tiempo. El presidente Jimmy Carter puso fin a la cooperación, creyendo que la URSS había obtenido la tecnología durante el proyecto de 1975. Las dos partes habían comenzado a trabajar más estrechamente en otros campos científicos, en particular las ciencias de la vida y la biomedicina, pero pasarían varios años más antes de que hicieran un esfuerzo más serio para combinar sus esfuerzos en el espacio.

Los EE. UU. habían iniciado un programa para examinar otros planetas, en gran parte permaneciendo fuera del espacio entre 1975 y 1981. Durante este tiempo, estaba desarrollando un transbordador espacial que daría a los astronautas un mejor control sobre su vuelo durante el proceso de aterrizaje. Puede que los soviéticos no hayan viajado tanto durante este tiempo, pero habían enviado a los cosmonautas a pasar largos períodos de tiempo en el espacio y aprender sobre sus efectos en el cuerpo. Este era un conocimiento que los EE. UU. no tenían, ya que sus misiones más largas hasta ese momento fueron breves. Como cada nación tenía sus propias especialidades, hubo más comunicación entre ambas durante la década de 1980. Su relación seguía siendo tensa, pero la tensión de la carrera espacial se había enfriado en gran medida. Habiendo desarrollado una relación más amistosa, los EE. UU. y la URSS trabajaron juntos para estudiar el cometa Halley, un objeto celestial que se acerca lo suficiente para ser visto a simple vista una vez cada setenta y cinco años. Como los soviéticos tenían más experiencia en el espacio en los últimos años, usaron su propia nave para estudiarlo desde el espacio, mientras que los EE. UU. proporcionaron apoyo desde la Tierra. Los EE. UU. recogieron datos sobre el cometa a medida que se acercaba, mientras que la URSS y otras naciones del

Grupo Consultivo Interinstitucional participaron en su misión (Vega 1 y 2 y la misión Giotto, respectivamente). El esfuerzo coordinado fue muy exitoso.

En 1984, el presidente Ronald Reagan anunció que la NASA comenzaría a desarrollar una estación espacial que rivalizaría con lo que había logrado la Unión Soviética, y pidió a otras naciones que se unieran. La URSS fue excluida de esta invitación, pero hubo conversaciones con ellos entre bastidores. Los EE. UU. pedirían más abiertamente la colaboración en octubre de ese año. Con el surgimiento de Mikhail Gorbachev como el nuevo líder de la URSS, parecía que esto podría finalmente lograrse de una manera más significativa y a largo plazo.

Inicialmente, los soviéticos se resistieron a la idea de que el espacio y el ejército debían estar separados (el programa espacial siempre fue parte de los esfuerzos militares de la URSS). Tras la explosión del transbordador espacial *Challenger* en enero de 1986, la URSS tuvo éxito cuando lanzó parte de lo que más tarde se convertiría en la estación espacial Mir menos de un mes después. Con este logro, finalmente acordaron separar sus esfuerzos espaciales de su trabajo militar, aunque no se sabe exactamente qué impulsó esta decisión. Las dos naciones establecieron entonces un acuerdo de cinco años por el cual coordinarían varios proyectos diferentes (aunque ninguno relacionado con los humanos en el espacio). En 1988, Regan fue invitado a unirse a Gorbachov en el Kremlin. Durante la estancia de Reagan en la Unión Soviética, Gorbachov trató de que aceptara un esfuerzo conjunto para poner finalmente una persona en Marte. Más de tres décadas después, este esfuerzo aún no se ha concretado.

Conclusión

Aunque no se inició intencionadamente, la carrera espacial se convirtió rápidamente en un foco de atención de los EE. UU. y la URSS, las dos superpotencias que surgieron después de la Segunda Guerra Mundial. A medida que las naciones comenzaron el largo proceso de recuperación de la guerra más destructiva de la historia de la humanidad, los Aliados aprendieron rápidamente lo avanzados que habían estado los nazis en términos de armamento y tecnología. La desconfianza entre la mayoría de las naciones aliadas y la URSS causó el rápido deterioro de la cooperación, y luego se produjeron interacciones más polémicas y hostiles entre los EE. UU. y la URSS. Esto llevó a que cada uno de ellos absorbiera a científicos alemanes, la mayoría de los cuales habían sido parte del Partido Nazi, en sus comunidades científicas. Estos alemanes habían sido parte de muchos proyectos, incluyendo el desarrollo de un primer misil balístico. Aunque la URSS tenía un científico muy talentoso y conocedor que trabajaba en viajes espaciales, la adición de los científicos alemanes ayudó a acelerar su trabajo. Los EE. UU. también se beneficiarían enormemente de sus científicos alemanes.

A medida que las tensiones entre los EE. UU. y la URSS crecían, comenzaron a buscar formas de mostrar su superioridad. Como los EE. UU. habían logrado ser los primeros en desarrollar armas nucleares, se sintieron confiados de que estaban más avanzados que su adversario comunista. Esto llevó a la complacencia hacia su tecnología actual, especialmente porque el costo de simplemente llevar un satélite al espacio se disparó. Esto duró hasta el sorprendente y exitoso lanzamiento del *Sputnik 1*. Al pasar sobre los EE. UU. varias veces al día, quedó claro que los EE. UU. ya estaban muy por detrás de la URSS, que había lanzado el Sputnik en 1957. Después de ese éxito, ambas naciones aumentaron sus esfuerzos para lograr una serie de primicias, incluyendo llevar a la primera persona al espacio y de vuelta.

Después de varios años de lograr una constante cadena de éxitos, la URSS comenzaría a vacilar en la carrera espacial, particularmente después de la muerte de Sergei Korolev a principios de 1966. Aunque la Unión Soviética lograría otro gran hito al aterrizar el *Luna 9* en la Luna, se basó en el trabajo de Korolev y fue su último gran éxito.

Durante casi una década, la Unión Soviética había sido el líder en la mayoría de los aspectos de la carrera espacial. El 16 de julio de 1969, los Estados Unidos lanzaron el *Apolo 11*, resultando en el exitoso aterrizaje de dos hombres en la Luna, seguido del regreso seguro de la tripulación. Los EE. UU. harían varios viajes más a la Luna, pero la URSS nunca alcanzaría este objetivo. Aunque no era el final de la carrera espacial, la URSS siguió quedando por detrás de los EE. UU. en términos de logros. Su programa espacial terminó oficialmente en 1991.

Otros países habían participado en la carrera espacial, trabajando en gran medida con la NASA. Con el tiempo, los EE. UU. y la URSS también trabajaron juntos. Esto llevó a un progreso mucho más rápido con cosas como el Telescopio Hubble y la Estación Espacial Internacional. Desafortunadamente, sin ese empuje, el impulso para avanzar en los viajes y la exploración espacial se apagó en gran medida durante los años 90. Hubo algunos avances asombrosos, como la exploración de Marte por el Rover de Exploración de Marte, pero el ritmo al que se alcanzaron esos logros fue mucho más lento de lo esperado. Considerando que los Estados Unidos y la URSS habían lanzado por primera vez un satélite al espacio en 1957, y luego lograron llevar a la gente a la Luna a finales de la siguiente década, había grandes expectativas de que la gente viajaría a Marte a finales de siglo. Sin embargo, sin un conductor serio, muchas naciones comenzaron a decidir poner su dinero en otros esfuerzos. Solo a principios del siglo XXI habría otro impulso para ver hasta dónde se podría avanzar en la exploración espacial. Las naciones que tuvieron poco que ver con la primera carrera espacial han comenzado a buscar más agresivamente una presencia en el espacio, más notablemente China, India y Japón. Algunos han llamado a esto la Nueva Carrera Espacial. También ha habido un impulso por parte de las empresas privadas para explorar el espacio. Debido a la lentitud de la primera carrera espacial, estas compañías parecen interesadas en asegurar que el ritmo de la exploración espacial continúe a un ritmo más rápido de lo que fue a partir de la década de 1970.

Vea más libros escritos por Captivating History

Bibliografía

1957-58: The Year of the Satellite, NOAA, 2020, Satellite and Information Service, www.nesdis.noaa.gov/

60 years ago, Soviets launch Sputnik 3, Melanie Whiting, May 15, 2018, NASA, www.nasa.gov/

60 Years Ago: Vanguard Fails to Reach Orbit, Mark Garcia, December 6, 2017, NASA, www.nasa.gov/

A look at people killed during space missions, Seth Borenstien, November 1, 2014, Science X Network, phys.org/

A Visual History of Spacewalks, Jeffery Kluger, June 3, 2015, Time Magazine, time.com/

Alouette I and II, Canadian Space Agency, September 28, 2018, www.asc-csa.gc.ca/

An Early History of Satellites Timeline, Broadband Wherever, 2020, NASA, www.jpl.nasa.gov/

Apollo 11: First Men on the Moon, Nola Taylor Redd, May 9, 2019, Future US Inc, www.space.com/

Car crashes, curses, and carousing—the story of the second Soviet in space, Emily Carney, June 16, 2016, arstechnica, arstechnica.com/

Challenger: The Shuttle Disaster That Changed NASA, Elizabeth Howell, May 1, 2019, Future US Inc, www.space.com/

Cosmic Menagerie: A History of Animals in Space, Karl Tate, April 17, 2013, Future US Inc, www.space.com/

Deaths associated with US space programs, January 4, 2019, Airsafe.com, www.airsafe.com/

Development History, Anatoly Zak, 2020, www.russianspaceweb.com/

Did Politics Fuel the Space Race?, Robert Longely, March 20, 2020, Thought Co., www.thoughtco.com/

Explorer 1 Overview, Sarah Loff, Brian Dunbar, August 3, 2017, NASA, www.nasa.gov/

Explorer 1: The First U.S. Satellite, Elizaabeth Howell, August 11, 2017, www.space.com/

'Flight, We Are Docked!' Gemini 8 Achieved 1st Space Docking 50 Years Ago, Robert Z. Pearlman, March 16, 2016, Future US Inc, www.space.com/

From Monkey To Man, Gale, 2020, Cenagage Company, www.gale.com/

Gherman Stepanovich Titov, The Editors of Encyclopaedia Britannica, 2020, Britannica, www.britannica.com/

How NASA Works, Craig Freudenrich, Patrick J. Kiger, 2020, howstuffworks, science.howstuffworks.com/

International Geophysical Year, The Editors of Encyclopedia Britannica, 2020, Encyclopedia Britannica, www.britannica.com/

JFK's 'Moon Speech' Still Resonates 50 Years Later, Mike Wall, September 12, 2012, Future US Inc, www.space.com/

Laika the Dog & the First Animals in Space, Elizabeth Dohrer, May 31, 2017, Future US Inc, www.space.com/

Luna 01, NASA, February 13, 2018, solarsystem.nasa.gov/

Luna 1, Dr. David R. Williams, May 14, 2020, NASA, nssdc.gsfc.nasa.gov/

Lunar Lost & Found: The Search for Old Spacecraft, Leonard David, March 27, 2006, Future US Inc, www.space.com/

March 16, 1966: Gemini's First Docking of Two Spacecraft in Earth Orbit, Sarah Loff, August 6, 2017, NASA, www.nasa.gov/

Missions, Mars Exploration Program, 2020, NASA, mars.nasa.gov/

Moon landing anniversary: How did the historic space race play out?, Lauren Chadwick, July 20, 2019, EuronNews, www.euronews.com/

NASA's Origins & the Dawn of the Space Age, NASA, 2020, history.nasa.gov/

Only Three People Have Died in Space, Amy Shira Teitel, August 20, 2017, Discover, www.discovermagazine.com/

Origins of the Cold War in Europe, Robert Wilde, September 8, 2017, ThoughtCo, www.thoughtco.com/

Profile of John Glenn, Brain Dunbar, August 3, 2017, NASA, www.nasa.gov/

Remembering Belka and Strelka, Tony Reichhardt, August 19, 2010, Air & Space Magazine, www.airspacemag.com/

Roscosmos: Russia's Space Agency, Elizabeth Howell, January 20, 2018, Future US Inc, www.space.com/

Sept. 9, 1955: DoD Picks Vanguard To Launch U.S. Satellite, SpaceNews Editor, June 29, 2004, SpaceNews, spacenews.com/

Sergei Korolev: Father of the Soviet Union's Success in Space, August 3, 2007, European Space Agency, www.esa.int/

Space Race Timeline, Royal Museums Greenwich, 2020, www.rmg.co.uk/

Space Race, Space Next, 2020, Encyclopedia Britannica, www.britannica.com/

Space Race: The Space Rivalry between the United States and Soviet Union and Its Aftermath, Smithsonian, 2020, airandspace.si.edu/

Sputnik 1, Dr. David R. Williams, September 3, 2020, NASA, nssdc.gsfc.nasa.gov/

Sputnik 1, NASA Content Administrator, August 7, 2017, NASA, www.nasa.gov/

Sputnik, 1957, Foreign Service Institute, 2020, Office of the Historian, history.state.gov/

Sputnik: How the World's 1st Artificial Satellite Worked (Infographic), Karl Tate, October 4, 2012, Future US Inc, www.space.com/

Sputnik: The Space Race's Opening Shot, Elizabeth Howell, August 22, 2018, Space.com, www.space.com/

The Apollo Program (1963 - 1972), Dr. David R. Williams, September 16, 2013, NASA, nssdc.gsfc.nasa.gov/

The Gemini Program (1962 - 1966), Dr. David R. Williams, December 30, 2004, NASA, nssdc.gsfc.nasa.gov/

The Launch of Sputnik, 1957, U.S. Department of State, January 20, 2009, 2001-2009.state.gov/

The Luna 1 Hoax Hoax, Tony Reichhardt, January 2, 2013, Air & Space Magazine, www.airspacemag.com/

The Moon and Man at 50: Why JFK's Space Exploration Speech Still Resonates, Mike Wall, May 25, 2011, Future US Inc, www.space.com/

The Sad, Sad Story of Laika, the Space Dog, and Her One-Way Trip into Orbit, Alice George, April 11, 2018, Smithsonian Magazine, www.smithsonianmag.com/

The Soviet Manned Lunar Program, Marcus Lindroos, 2020, FAS, fas.org/

The Soviet Union is first to the Moon, Richard Cavendish, September 9, 2009, History Today, www.historytoday.com/

The Space Race And Man On The Moon, Times Reporter, August 28, 2010, The New Times, www.newtimes.co.rw/

The Space Race of the 1960s, Martin Kelly, March 26, 2020, Thought Co., www.thoughtco.com/

The Space Race, American Experience, 2020, www.pbs.org/

The Space Race, Michael Kernan, August 1997, Smithsonian Magazine, www.smithsonianmag.com/

The Space Race: How Cold War Tensions Put a Rocket under the Quest for the Moon, Science Focus Magazine, 2020, Immediate Media, www.sciencefocus.com/

The Start of the Space Race, Khan Academy, 2020, www.khanacademy.org/

This Is Why Sputnik Crashed Back To Earth After Only 3 Months, Ethan Siegel, November 15, 2018, Starts with a Bang, Forbes, https://www.forbes.com/

This Is Why The Soviet Union Lost 'The Space Race' To The USA, Ethan Siegel, July 11, 2019, Forbes, www.forbes.com/

This Month in Physics History, American Physical Society, 2020, www.aps.org/

Today in science: 1st spacecraft to moon, Earthsky, January 2, 2017, earthsky.org/

United States-Soviet Space Cooperation during the Cold War, Roald Sagdeev, Susan Eisenhower, 2020, NASA, www.nasa.gov/

Vega 1 & 2, Ron Baalke, 2020, Comets, stardust.jpl.nasa.gov/

Wernher von Braun and the Nazis, Michael J. Neufeld, 2020, American Experience, PBS, www.pbs.org/

Wernher von Braun: History's Most Controversial Figure?, Amy Shira Teitel, May 3, 2013, Aljazeera

What Was the Space Race?, Adam Mann, August 7, 2019, FutureUS Inc, www.space.com/

Who Was John Glenn?, Brain Dunbar, August 6, 2017, NASA, www.nasa.gov/

Why the U.S. Government Brought Nazi Scientists to America after World War II, Danny Lewis, November 16, 2016, Smithsonian Magazine, www.smithsonianmag.com

Why Yuri Gagarin Remains the First Man in Space, Even Though He Did Not Land Inside His Spacecraft, Cathleen Lewis, April 20, 2010, Smithsonian, airandspace.si.edu/

Will Hitler Be the First Person That Aliens See?, Ross Pomery, September 19, 2013, Real Clear Science, www.realclearscience.com/

Women of NASA, National Geographic, March 2, 2020, National Geographic Society, www.nationalgeographic.org/

Yuri Gagarin: First Man in Space, Jim Wilson, April 13, 2011, NASA, www.nasa.gov/

Yuri Gagarin: First Man in Space, Nola Taylor Redd, October 12, 2018, Future US Inc, www.space.com/

www.ingramcontent.com/pod-product-compliance
Lightning Source LLC
LaVergne TN
LVHW041643060526
838200LV00040B/1690